教育と比較の眼

江原武一

東信堂

まえがき

この本は、現在世界各国で行われている教育改革の動向を国際比較の観点から集約して整理するとともに、日本や諸外国の具体的な対応や取組について批判的に考察し、それらの知見を手がかりにして日本の教育改革の望ましいあり方を探ることを目指している。たとえ遠回りのようにみえても、こうした方法により日本の教育改革の特徴はいっそう明確になり、幅広い視野から系統的に実質的な教育改革を進めるときに参考になるヒントやアイデアを探ったり、日本社会にふさわしい改革の方向性や内容を考えたりすることができるからである。

ところで、この半世紀ほどの社会や教育の動向を詳細にたどりながらそのゆくえを展望すると、近未来の日本社会でも引き続き、「小さな政府」が社会のグローバル化に対応した国家政策を主導し、教育政策も「小さな政府」の考え方にもとづいて進められると予想される。そしてその結果、さまざまな予想外の課題や問題が噴出して、日本の教育はますます混迷の度を深め、教育改革の大幅な軌道修正を求める動きが加速されていくのではないかと思われる。

歯切れはよくても実現するあてのないラジカルな教育改革よりも、漸次的な教育改革の着実な推進をこれまで支持してきた私の立場からみれば、そうした教育改革の進め方やその成果をまったくの誤りだと全面的に否定するつもりはない。しかし人びとが近代以降目指してきたのは、人種やジェンダー、出身家族の社会階層といった生得的な要因など、各人がその責任を問われる必要のないことから受ける苦痛をできる限り減らすことだったとすれば、そのような近未来の日本社会で生活することになる私たちは、自らの尊厳を保ち、自分たち自身の生命や財産を守るために、何をどのようにすればよいのかを、今こそ主体的に考えるべき時期にきているのではないだろうか。

こうした観点からみると、近代社会が長年にわたってその実現を目指してきた望ましい社会のあり方、つまり平等や公正の度合いを最大限に高め、民主主義を進め、人びとの想像力を解放することは、私たちにとって非常に大切なことなのではないか。そして教育はそのような社会の形成に正面からかかわることができるはずであり、私たちは基本的人権の尊重や公正で平等な学習機会の拡充をはじめ、社会にとって不可欠な教育活動の社会的役割を損なわないようにしながら、日本社会に最もふさわしい実質的な教育改革を進める必要があるだろう。この本では、多種多様な現代的教育課題をめぐる多様な改革のなかでも、とくに重要な公教育における価値教育の問題や国際学力調査のインパクト、教育の国際化の課題、生涯学習体系の構築に焦点を絞って、日本の教育改革の望ましいあり方を探ってみることにしよう。

目次／教育と比較の眼

第三章　公教育と価値教育

教育と比較の眼

第一章　教育の国際的視点

1　日本の教育改革——比較の眼

(1) 世界同時進行の教育改革

この本では、現在進められている日本の教育改革の動向をたどって、その特徴や課題を考察してみたい。現在の日本の教育改革の起点は、中曽根内閣直属の審議会として一九八四（昭和五九）年に設置された臨時教育審議会に求められる。この審議会は戦後教育の総決算を目指して教育の全般的な改革を検討し、一九八七年までに四つの答申を公表した。それらの答申にもとづく改革は、西欧の近代教育を導入した明治初期の改革、第二次世界大戦後の教育改革との対比で、第三の教育改革ともいわれた。日本ではこのときから今日まで、実に三〇年間にわたって文部科学省を中心にした政府行政当局が主導する形で、さまざまな教育政策が次々に実施されてきた。

ところで、こうした大規模な教育改革は日本だけでなく、アメリカやイギリス、ドイツをはじめとする先進諸国はもとより、東アジアや東南アジア、南米などの発展途上諸国でも同時進行の形で（シンクロナイゼーション）とりくまれてきている（江原・南部、二〇一一年、三－四頁）。その背景には、社会のグローバル化や国際化、情報技術（ＩＴ）革新など、激動する国際社会の大きな流れがあり、教育改革の動向を左右してきた。たとえば経済の領域を中心に、国境を越えた多種多様なネットワークが強化されたり、交通手段や情報技術などが発展したりするのにともない、ヒト・モノ・カネをはじめ、知識や情報、技術などの国際流動性が高まり、さまざまな活動が国境を越えてますます拡大、深化しているが、そうした変化は教育制度を含む各国の諸制度を一元化、標準化する方向で改革を促すように作用する。

また教育改革は、それぞれの国の教育制度がもつ歴史的条件や伝統、社会的現実、それからその国で生活する人びとの社会観や教育観などといった各国に固有の要因によっても大きく左右されるところがある。というのも教育制度は各国の社会的文脈に沿って構築されており、社会状況が変化したり、他の制度が改革されたりすることによって、より整合的な制度への見直しが進められるからである。そのため、たとえば社会のグローバル化にともなう変化の過程も国によって異なり、同じ国内でも社会のあらゆる領域で一様に進むわけではない。さらに社会のグローバル化にともない、どの国も自国の経済的な国際競争力を高めることを重視するようになり、それぞれ多様な取組を展開しているが、そうした動きのなかには各国に固有の状況に応じた個別化の方向を目指すものも少なくないのである。

この本では、そうした背景のもとに、現在世界各国で行われている教育改革に焦点を絞り、国際比較の観点から国際的な改革動向を集約して整理するとともに、日本や諸外国の対応や取組について批判的に考察し、それらの知見を手がかりにして日本の教育改革の望ましいあり方を探ってみることにしよう。日本の教育改革を理解するには、なによりもまず日本の教育の状況を詳細に分析すべきなのかもしれない。しかし世界の教育改革の共通性に注目して、その特徴を理解し、教育改革の望ましいあり方を探ってみるのも、日本の教育改革の考察にとって重要な作業である。ただしそれはもちろん、日本と諸外国の取組を比べてどちらが優れているかを判断したり、海外の特定の対応や試行をことさら「優れた」ものとして紹介したりすることを意図するものではない。

それよりもむしろ、現代日本の教育が直面している課題に対して性急に処方箋を求めるのではなく、国際的な動向や各国の対応をふまえて、そうした教育課題や現在進められている教育改革を相対化し、より望ましい解決策について考えることを目指している。というのもたとえ遠回りのようにみえても、このような方法を用いることによって、日本の教育改革の特徴がいっそう明確になり、教育改革を進めるときに参考になるヒントやアイデアを探ったり、日本社会にふさわしい改革の方向性や内容を考えたりすることができるからである。

(2) 教育改革を分析する重要なポイント

今日の教育改革を考える際に重要なポイントとしてもう一つ指摘しておきたいのは、これまで学校や大学（短期大学と高等専門学校を含む）を中心にした教育活動が長い年月をかけて培ってきた社会的使命、つまり基本的人権の尊重や公正で平等な学習機会の拡充、人類の知的遺産の継承、公平無私な真理の探究などといった、社会にとって不可欠な教育活動の社会的役割を損なわないようにしながら、日本社会に最もふさわしい実質的な教育改革を進めることである。またそれと関連して、一人ひとりの人間が人間らしく生きていくために生涯にわたって主体的に学べるように、学校や大学をはじめ、家庭や地域社会、政府の仕組みなど、教育をとりまく社会的基盤を実質的に整備することも強く求められる。

現在の「小さな政府」の教育政策では、もっぱら国民の自助努力を活用した改革の制度的な条件整備が目指されている。ところが教育の分野には障害者やマイノリティ（少数派）のための教育をはじめ、学ぶことが苦手な多くの若い世代や、学習意欲のある社会人や高齢者を対象にした学習機会の整備など、その改善に公共的な配慮や制度的な保障が不可欠な領域も少なくない。さらに自助努力だけですべての問題が解決するわけではないのは、個人だけでなく学校や病院、政府の仕組みなどの公共的な組織についてもいえることであり、その解決には工夫をこらした適切な制度的対応が求められる。私たちが近代以降目指してきたのは、人種やジェンダー、出身家族の社会階層といった生得的な要因や、社会資本の充実度や社会の支配的な価値観など、各人がその責任を問われる必要のないことから受ける苦痛を、可能な限り減らすことだったとすれば、そのために具体的にどうすればよいのかについて、正面から向きあう必要があるように思われる（市井、一九七一年、一四二―一四三頁）。

近未来の日本社会でもこれから当分の間、「小さな政府」が社会のグローバル化に対応した国家政策を主導し、教育政策も「小さな政府」の考え方にもとづいて進められていくと予想される。歯切れはよくても実現する目処がつかない教育改革よりも、漸次的な教育改革の着実な推進を支持する私の立場からみれば、それらの教育改革の成果を全面的に否定するつもりはない。また西欧生まれの近代社会はさまざまな矛盾や限界をかかえて迷走しているが、近未来の日本社会もその延長線上にあり、そこで生活する私たちは自らの尊厳を保ち、自分たち自身の生命や財産を守るために、何をどのようにすればよいのかを主体的に考えるべき時期にきているのも確かなことである。

しかしそうした立場からみても、日本を含めた世界同時進行の教育改革によって、日本の教育は時代や社会の変化に適切に対応するとともに、教育の本質に適ったものに改善されてきたのかというと大いに疑問である。とくに学校や大学を中心にした教育活動が培ってきた貴重な社会的使命を損なわないように改革を進めなければ、日本社会で生活する私たちにとって望ましい教育改革を実質的に進めていくことはできないのではないだろうか。

(3) 本書の構成

教育改革のあり方を左右する社会的背景にはいろいろな要素が考えられるが、この第一章の後半では、四つの要素、つまり①社会のグローバル化の進展、②国民国家の政府のあり方の転換、③情報技術（IT）革新の展開、④多文化主義の浸透に目配りをしておきたい。これらの四つの要素のうち、最も重要でインパクトが大きいのは社会のグローバル化である。ただし四つの要素はいずれも相互に重なり合いながら、各国の教育改革のあり方を強く左右している。しかもその影響の方向は必ずしも同じではないので、場合によっては競合して対立や葛藤を生み出すことも少なくない。また国際比較の観点からみると、四つのうち社会のグローバル化と国民国家の政府のあり方の転換は、現在そのインパクトがはっきりした形をとってあらわれている。それに対して情報技術革新の展開と多文化主義の浸透はより新しい傾向であり、これからの教育のあり方を形成する重要な要因になると考えられる。

続いて第二章では、第二次世界大戦後の日本の教育改革の歩みをたどるとともに、教育改革の全体的な見取り図を描くために、教育の基本的なとらえ方をはじめ、学校制度を中心にした教育制度の改革やそのほかの現代的教育課題の改革を整理し、今後の日本の教育改革のあり方を展望する。

さまざまな教育課題の改革のうち、第三章と第四章では主に初等中等教育の改革に注目する。第三章のテーマは公教育における価値教育の問題である。今日の学校教育の改革では、基礎的な教科を中心とした認知的教育の改善と並んで、多文化社会にふさわしい複数の価値の共存を前提にした価値教育の充実も求められている。価値教育には市民性教育や宗教教育、道徳教育、多文化教育などが含まれるが、この章では市民性教育と宗教教育を中心に国際比較の観点から価値教育の問題をとりあげる。

一九八〇年代以降、日本だけでなくどの国でも大規模な教育改革が進められている。この教育改革の大きな特徴の一つは、教育の改善と充実が国民国家や国民の将来の経済的繁栄にとってこれまで以上に重要だとみなす、国際的な合意が生まれたことである。そのため各国の教育政策では、生徒の学力向上が主要な政策課題としてとりあげられ、その過程で国際学力調査が世界的な関心を集めるようになった。第四章では日本の学力向上政策の動向と今後の課題を、アメリカとの比較を中心に考察する。アメリカの改革動向にとくに注目するのは、第二次世界大戦後の日本の教育改革は主にアメリカの影響を強く受けており、現在の「小さな政府」の教育政策もアメリカの動向と無関係ではないからだ。

社会のグローバル化にともない、国境を越えた国際的な教育活動も急速に活発になってきている。そのため教育の分野でも日本と諸外国との関係はますます緊密で頻繁になり、相互理解や国際協力の推進がいっそう要請されたり、国境を越えたトランスナショナル教育のあり方が教育政策の重要な課題としてとりあげられたりするようになった。第五章では「教育の国際化」をキーワードにして、そうした諸問題について考えてみたい。というのもどの国も当面、国家モデルとして国民国家の特徴を保持しながら存続することを考慮すると、教育の国際化をどのように達成すればよいのかが、各国の教育政策の重要な課題になるからである

第六章の課題は学校と生涯学習体系の構築である。教育制度は広義には、教育に関するすべての社会的な枠組みや仕組みを含むけれども、その中心に位置するのは学校制度である。第二次世界大戦後、どの国でも学校教育の発展は社会や国民にとって望ましいことだと考えられ、その整備拡充がはかられてきた。ところが実際には、学校教育の量的な拡大は予想された望ましい結果を必ずしももたらさなかった。それだけでなく学校教育のさまざまな場面でひずみやあつれきが目につくようになり、学校教育中心の教育のあり方そのものも問われるようになった。この章では、そうした批判をふまえて、生涯学習という考え方にもとづいて教育制度全般を見直し、再構築しようとする教育改革の動向に注目する。なお教育制度の問題を分析する際には、初等中等教育の学校と高等教育の大学を区分して論じることが多いけれども、ここでは高等教育を学校教育の最終段階として位置づける見方を前提にして学校教育のあり方を見直し、日本の教育とその改革のゆくえを展望してみたい。

2　社会変動と教育改革

(1)　最も重要でインパクトが大きな社会のグローバル化

教育改革のあり方を左右する社会的背景の特徴について、最も重要で影響力がある社会のグローバル化を手始めに、もう少し詳しくみておこう。社会のグローバル化（グローバリゼーション）とは、モノやカネ、ヒト、それから情報などに代表される人間の諸活動が次第に国民国家の国境を越えて交流・流動化し、ついにはその拘束を離れて独自の展開を示すようになる過程を指す言葉である（江原、二〇〇七年c、二〇一―二〇六頁：江原、二〇一〇年、八―一〇頁）。

この社会のグローバル化はその過程で、そうした人間の諸活動をどちらかといえば個別化よりも普遍化、標準化の方向へ、また多元化よりも一元化の方向へ変えるように作用する。各国の社会や教育には共通する特徴もたくさんあるが、違っているところも少なくない。ところが社会のグローバル化によって、そうした国民国家や文化圏による違いが少なくなり、世界共通の特徴がみられたり、社会や教育のあり方を考えるときの基準や次元も複数ではなくて一本化され、国際標準や国際水準などが設けられたりするようになる。

グローバル化と国民国家との関係　なおこの定義で使われている国民国家とは、ある国に住む人びとのすべてあるいは主要な部分が、自国の独立性と自分たちの（同じ集団に所属しているという）共属性を意識して一体感をもち、政治的に実現した独立の統一主権国家を意味する言葉である。この国家モデルの特徴は「一民族一国家」を理念としていることだ。つまり国民国家では、その国の住民は政治的共同体を構成する国民として同等の権利と義務をもつとともに、文化的共同体の成員として同じ民族文化を共有しており、しかも二つの共同体の範囲は一致していると想定されている。

国民国家の建設は一八世紀以降、西欧やアメリカではじまり、第二次世界大戦後に植民地からの独立を達成した新興諸国でも、国民国家の形成が国家建設の建前として採用された。しかしその過程でどの国でも明らかになったのは、国民国家の理念と実態との間に大きな乖離がみられ、そのあり方が現在大きくゆらいでいることである。とくに問題なのは、文化的共同体としての国民国家は事実上複数の文化を含んでおり、しかも二つの共同体の範囲は必ずしも一致していないが、ほとんどすべての国はなによりも政治的共同体としてまとまりのある国民国家として存続し発展することを目指していることである（江原、二〇〇〇年、一八―一九頁）。

そのため社会のグローバル化は国民国家を区分する国境を越えて作用するが、各国にとって当面の課題は、対外的には国民国家の連合組織である国際連合や欧州連合（ＥＵ）などへの参加、あるいは国際条約や国際協約などの締結といった、さまざまなルートを通じて国家間の協調と協同をはかりながら、対内的には複数の文化の共存を前提にして政治的共同体としての統一を実現することなのである。

グローバル化と国際化の違い　教育改革の議論では、「グローバル化」の代わりに「国際化」という言葉もよく使われるが、「国際化」はこうした国民国家の姿勢を含んだ言葉として理解すべきだろう。二つの言葉の違いは必ずしも明確ではなく、考察の視点に応じて使い分けられているように思われる。つまりどちらの言葉も人間の諸活動が次第に国民国家の国境を越えて交流したり、流動化したりすることに注目する点では同じである。しかし「国際化」に相当する英語は「インターナショナリゼーション」だから、「国際化」では、国民国家（ネーション－ステート）の枠組みが基本的にゆるがないことを前提にして、国民国家間の相互交流や相互協力を重視する意味合いがある。それに対して「グローバル化」では、国民国家の存続を暗黙のうちに前提にしているが、それよりも人びとのさまざまな活動が国民国家の拘束を離れて、地球規模で（グローバル）独自の展開を示すようになることを強調する傾向があるといってよいだろう。

社会のグローバル化の位置と課題　ところで社会のグローバル化には、こうした国民国家を中心にすえた国家主義（ナショナリズム）の考え方に加えて、地域的なまとまりを重視する地域主義（リージョナリズム）や、その社会の主流派よりも社会的に不遇な立場にある少数派の文化のプラス面を強調する多文化主義などといった、さまざまな対立的な考え方や運動が対峙している。社会のグローバル化の進展にともなって活発になった反グローバリズムの動きには、これらの主義主張にもとづいたものが少なくないのである。

また社会のグローバル化は実際には（やや極端にいえば）、経済や政治、文化、思考様式などにおける西欧流の近代化（モダニゼーション）が地球規模で世界全体に波及することを意味する。社会のグローバル化は国民国家などと同様に、近代性（モダニティ）の一環を構成し、近代性が地球規模で拡大することをあらわしているのである（たとえば中村、二〇一四年、五四、五七頁：ギデンズ、一九九三年、八四―八六頁などを参照）。とくに第二次世界大戦後は、西欧流の近代化をふまえて独自に発展したアメリカ流の近代化、つまりアメリカ化（アメリカナイゼーション）が大きな影響力をもつようになった。なおたとえそうしたグローバル化が進んでも、グローバル・イッシュー、つまり環境問題や有限な天然資源、人口問題、開発、平和問題などのような地球規模で対処しなければならない問題群は必ずしも解決できないことも指摘されている（山本吉宣、二〇〇〇年、二六八―二六九頁）。

さらにグローバル化の過程では、どの国民国家の様式が最終的に優位な位置を占めるかをめぐって対立や葛藤が起こり、通常はすでに優位な位置を確保している主流派で支配的な国の様式が周辺の国ぐにに影響を及ぼすという形で進行する。しかし社会のグローバル化の影響を考察する際に重要なのは、特定の中心国による周辺諸国への影響や支配もたしかにみられるが、そうした拘束を離れて独自に展開して形成される普遍的で一元的な様式やあり方も想定されており、しかもそれは必ずしも主流派で支配的な国がもっているものと同じではないということである（マイヤー、二〇〇〇年、九二頁）。

たとえば大学改革についてみると、大学のドイツ・モデルは近代国民国家の建設の過程で世界各国に移植され、その特徴の一つである「研究を重視する大学」という大学像は、どの国でも受け入れられたが、その具体的な制度化は国によってそれぞれ違っていた。しかも今日では、本家本元のドイツが、そのアメリカ版としてアメリカで独自に発展した学部に加えて大学院をあわせもつ仕組みを「合わせ鏡」にして大学院の制度化を進めている。

もう一つ例示すれば、「教育と研究の統一」という神話が、今でも大学の世界には根強く残っている。それは大学とはそもそも研究を重視すべき組織であり、しかも教育と研究を一体化して統合すべきだという大学観である。大学教員は研究者であると同時に教育者であり、研究で優れた業績をあげる大学教員は教育者としても優秀だとみなされている。しかしこの大学観はドイツでも研究のための部門や施設が相次いで導入されたために早々と崩壊して、教育と研究は分離するようなった。そしてその後はどの国でも、「教育と研究のバランス」をはかるための大学のあり方が、大学改革で解決すべき普遍的な課題として問われ続けてきた。このように社会のグローバル化はすべての国民国家になんらかの影響を及ぼすと考える方が正確である。グローバル化にともなって、周辺諸国だけでなく中心諸国も、非西欧諸国だけでなく西欧諸国も、発展途上諸国だけでなく先進諸国も、その影響を受けるのである。

それに加えて、社会のグローバル化のインパクトは国境を越えてみられるだけでなく、各国の国内の教育にも、そのタイプの違いなどに応じて異なった結果をもたらすことに、あらためて留意しておきたい。つまりグローバル化は国際的な問題だけでなく、国内問題も生み出すように作用する。というのも再び大学改革を例にすれば、グローバル化はアメリカ化を意味するという極論があるくらい、今日のアメリカの大学制度は全体として社会のグローバル化への対応では有利なのかもしれない。しかし同じアメリカの大学でも、すでに優位な位置にある大学と不利な条件しかもたない大学とでは、その社会のグローバル化への対応や予想される結果には、当然大きな違いが生まれると考えられるからだ。

(2) グローバル化の進行

この社会のグローバル化の進行を第二次世界大戦後の動向を中心にまとめると、まず経済の領域で顕著にみられるようになり、続いて政治や文化の領域もグローバル化した。経済のグローバル化についてみると、企業の生産過程や経営様式、意思決定の仕組みなどが国境を越えて世界に伝搬した。IBMやマイクロソフト、GMやトヨタなど、複数の国で経済活動を行う多国籍企業も地球規模で活躍するようになった。

国によっては欧州連合（EU）や北米自由貿易協定（NAFTA）、東南アジア諸国連合（ASEAN）などの新しい貿易圏が生まれた。日本でも二〇一五年末に大筋合意に至った環太平洋パートナーシップ（TPP）協定が注目を集めた。世界銀行や世界貿易機関（WTO）などのような国際機関も、各国の経済に大きなインパクトを及ぼしている。そのうち世界貿易機関は、関税貿易一般協定（GATT）の発展型として一九九五年に発足した、国際貿易のルールを統括する国際機関である。この機関のあり方にはゆらいでいるところもあるが、その協定の一つである貿易とサービス協定（GATS）では、モノの貿易だけでなく、金融・情報・通信などのサービスの貿易も対象になり、各国の教育サービスのあり方にも影響を及ぼしている。

一九八九年にベルリンの壁がなくなり、九一年にソ連が崩壊した後は、アメリカ流の資本主義経済をベースにした経済体制が世界各地に広がり、経済体制の一元化も進んでいる。中国の経済体制も九〇年代に、計画経済から社会主義市場経済に移行した。このような経済のグローバル化が進んだため、各国の経済はますますグローバルな経済活動の影響を受けるようになってきている。

ところで社会のグローバル化は、こうした経済の領域だけでなく、政治や文化の領域でも確認できる。教育改革を左右する二つ目の社会的背景として、次にとりあげる「大きな政府」から「小さな政府」への転換は、アメリカやイギリスといったアングロサクソン文化圏における政府のあり方の転換が、国境を越えて他の国ぐにでもみられるようになった現象であり、政治の領域におけるグローバル化だといってよいだろう。一九五五年以降の経済の高度成長期を通じて、経済大国として大きな国民国家になった日本も八〇年代以降は、その運営を「小さな政府」によって行うことを目指している。

文化の領域におけるグローバル化では、アメリカ生まれのハリウッド映画やマクドナルド、コカコーラ、ジーンズ、ディズニーランドなどが世界的に広まったことがよく指摘される。しかし教育改革との関連でとくに重要なのは、教育で扱う知識の考え方やあり方が変わり、教育が国民国家や国民の将来の経済的繁栄にとって重要だとみなす、国際的な合意が生まれたことである。日本でもそうだが、六〇年代の人的資本論や教育投資論が華やかだったときに劣らず、あるいはそれ以上に教育の充実による国家の経済的生産性の維持・向上が求められている。

小学校から大学までの学校教育の内容は基本的に、西欧で発達した近代科学の知識や考え方にもとづいて構成されている。今日の教育改革では、どの国でも経済のグローバル化に対応して自国の経済的な国際競争力を強化するために、この近代科学をベースにした学校教育の改善を目指している。それは基礎的な教科を中心とした認知的教育を改革して、国民の知的文化的基盤をいっそう充実・向上させ、人的資源の全体的な底上げをはかるとともに、先端的な学術研究の推進と科学技術の発展を目指すものである。またそれと並んで、複数の価値の共存を前提にした価値教育を充実し、多文化社会にふさわしい国民的アイデンティティを若い世代に身につけてもらうことも求められている。どの国も民族的構成や文化などの多様化が進んで、多文化社会としての特徴をもつようになったため、そうした社会にふさわしい国民国家として国家統合をはかる必要があるからだ。

(3) 国民国家の政府のあり方の転換──「大きな政府」から「小さな政府」へ

教育改革を左右する二つ目の社会的背景は、世界各国の政府の役割が一九八〇年代以降、「大きな政府」から「小さな政府」へ変わったことである。「大きな政府（ビッグ・ガバメント）」とは、政府の権限を拡大し、政府が指導的な役割を果たすことによって、貧困や失業などの社会問題を解決したり、国民の安全の確保や教育の普及などの公益の実現を推進したりする政府である。典型的な政府像としては、社会主義国家や福祉国家の建設を目指す政府を想起すればよい。

それに対して「小さな政府（スモール・ガバメント）」とは、政府の権限を縮小し、国民のやる気や競争心、進取の気性を活用することが国民国家の発展にとって役に立つという立場から、国民の自助努力や市場競争の原理を重視する新保守主義（新自由主義）の考え方にもとづいた政府である。そのため（やや乱暴な表現だが）、「大きな政府」では国家の予算は多額になるのに対して、「小さな政府」では減税により国民の税金の負担を軽くして、国民が獲得した収入は自分で使えるようにする政策を実施している。

なお「小さな政府」の政治的立場を説明する用語として、新保守主義に代えて新自由主義を使用する場合も多いが、実質的な内容にそれほど大きな違いはない。ただし政府のあり方の転換を中心に論じる場合には、たとえばアメリカの共和党やイギリスの保守党などが八〇年代以降政権を主に担当してきたことなどを考慮すると、新保守主義の方が用語として「小さな政府」の実態をより反映していると考えられる。

また「市場競争の原理」とは、人間の諸活動、とくに経済活動は特定の商品に対する需要と供給とが相対して価格と取引量が決定される市場（マーケット）における競争によって左右されており、しかもそれが基本的に望ましいとみなす考え方である。しかし市場のもつ機能は完全なものではないので、政府の介入により市場競争がもたらす社会的な諸問題の解決を目指すことが、「大きな政府」の基本的な方針だった。それに対して「小さな政府」は、国民の自助努力を社会発展の原動力として積極的に評価するとともに、政府による市場への過度の介入を抑制し、政府規制の緩和や税制改革などにより競争促進を目指す政府である。

この「大きな政府」から「小さな政府」への転換は、七〇年代以降先進諸国の経済がオイルショックを契機に低成長の時代に移行すると、その賛否をめぐって社会的な論議が起こったが、具体的にはイギリスのサッチャー首相の保守党政権やアメリカのレーガン大統領の共和党政権によってはじめられた。その後、オーストラリアやカナダなどの英連邦諸国をはじめ、ドイツやフランスなどの西欧諸国、日本や韓国、中国、台湾といった東アジア諸国、それから東南アジア諸国など、世界の多くの国ぐにでも「小さな政府」による国家政策が実施されるようになった。なお日本では、この「小さな政府」による国家政策は中曽根内閣（一九八二―八七年）によってはじめられ、小泉内閣（二〇〇一―〇六年）を経て第二次〜第三次安倍内閣（二〇一二年〜）まで、その間にたとえ政権政党の構成が変わることはあっても、引き続き実施されてきている。

(4)「小さな政府」の教育政策

そのため各国の教育政策も、「小さな政府」の考え方にもとづいて行われるようになった。新保守主義（新自由主義）の立場に立つ「小さな政府」の教育政策の特徴は、次の三つにまとめられる。

第一に、教育制度の多様化・個性化政策が進められ、教育の分野にも市場競争の原理が導入されるようになった。社会的な公益の実現を使命とする学校や大学は、私的な利益を追求する民間の企業などと異なり、政府によって規制されると同時に、政府から公的資金の援助を受けて発展してきた。しかし「小さな政府」は教育の規制を緩和して、学校や大学が自助努力により、独自に改革を進めることを要請するようになった。それぞれの学校や大学がその理念や手持ちの資源や条件をふまえて特色ある改革を行い、お互いに市場競争の原理にもとづいて競争すれば、教育の質が全体として向上すると考えたのである。

第二の特徴は、このように政府が教育に関する規制を緩和すると、政府の権限は弱まるようにみえるが、実際には政府の権限はかえって強まったことである。たとえば教育の規制緩和策と並行して、政府の教育への財政支出は頭打ちになったり削減されたりしたが、それと同時に、その効率的で効果的な運用も求められ、アカウンタビリティ（説明責任）の考え方、つまり学校や大学は公的資金にせよ授業料にせよ、そこで使われる経費に見合った成果をあげるべきだという考え方が広まった。

また個々の学校や大学はたしかに自立的な運営ができるようになったけれども、他方で学習の中身を決める教育課程（カリキュラム）に対する政府の規制はかえって強化された。それはイギリスのナショナル・カリキュラム（全国共通教育課程）の導入とか、アメリカの州政府による高校の卒業要件の強化策や大学教育の効果を測る標準テストの実施などにみることができる（ハルゼー他、二〇〇五年、四六―四九頁）。

第三の特徴は、学校や大学の社会的役割として、教育の改善による国家の経済的生産性の維持・向上を非常に重視していることである。もともと経済学では、経済発展には天然資源と資金力が重要だという考え方が主流であった。しかし最近では、それよりも科学技術力の向上や高学歴人材の育成の方が、国家の経済的生産性を支える要因として重視されている。その結果、各国の政府は大学に対して先端的な科学技術の研究開発の推進を求めるとともに、学校教育を通じて二種類の高学歴人材の育成、つまり国民全体の基礎学力を向上させる①人的資源の全般的な底上げと、先端的な科学技術の研究と開発を推進する②先端的な人材の育成を目指すようになった。

(5) 情報技術（IT）革新の展開

三つ目の社会的背景としてとりあげた情報技術革新は九〇年代後半から、教育に対して目にみえる形で影響を与えるようになった。コンピュータやインターネット、双方向メディア、スマートフォンなどの情報技術革新の進展は、国境を越える社会のグローバル化を急激に促進してきた。教育の分野でも、教室での授業の改善や教材の開発、遠隔教育（ディスタンス・エデュケーション）の普及、国境や大陸を越えた教育や研究の活発な交流と推進など、今後の教育のあり方をいっそう豊かにする可能性を秘めている。

しかし他方で、その進展がもたらす負の側面も指摘されている。たとえば国際比較の観点からみると、世界の国ぐにのなかで独自に情報技術を研究したり、開発したりすることができる情報技術の生産国の数は限られている。しかも他の科学技術と同様に、情報技術でも生産国の方が消費国よりも有利だが、この情報技術の生産国と消費国との間の格差は今後さらに拡大する恐れがある。

情報技術によって流通する情報自体の生産国と消費国との間の格差も拡大して、さまざまな問題や混乱が生まれることが予想される。それは現在インターネットで流通している情報の大部分が英語であることにもあらわれているといってよいだろう。これまでの伝統的な学校教育で重視されてきた、学習過程における教員と生徒や学生との直接的な相互作用をどのように確保するのかも、教育現場では議論を呼んでいる。さらに教授技術や教授方法のなかには、一時的に注目を浴びて流行した後、まったく顧みられなくなったものも少なくないが、新たに開発されたさまざまな情報技術が同じ道をたどることも十分考えられる。

(6) 異文化を尊重する多文化主義の浸透

教育改革を左右する四つ目の社会的背景として、多文化主義の浸透についても触れておこう（江原、二〇〇三年、二一―二七頁）。多文化主義（マルチカルチュラリズム）とは、ある社会の内部に複数の文化が共存することを積極的に評価し、とくにその社会の主流派よりも社会的に不遇な立場にある少数派の文化のプラス面を強調する考え方や運動を意味する言葉である。

この多文化主義の立場からみると、たとえば本書でも主に扱うアメリカは文化的、民族的に多様な国であり、その文化的多様性はアメリカを強力な国家として発展させるのにプラスに作用してきた。というのもアメリカのすべてのマイノリティ（少数派）は、それぞれその方法は違うにしても、これまでアメリカの発展に寄与してきたからである。ところがアメリカは実際には、そうした文化的多様性のメリットを生かしてこなかっただけでなく、特定のマイノリティに対する差別と偏見を助長したり、彼らの社会的に不利な状況を放置したりすることにより、その社会的な貢献を阻害してきた。しかし複数の文化の共存を前提にした文化共同体を再構築して国民的統合をはからなければ、国民国家としてのアメリカは今後発展しないと考えられている。

多文化主義が国民国家の国家統合との関連で広く社会的な関心を集めるようになったのは、先進諸国でもごく近年、とくに一九七〇年代以降のことである。その背景の一つは社会のグローバル化である。つまり経済のグローバル化にともなう移民や外国人労働者などの急増により、民族構成や言語、宗教などの面で国内の文化的な多様化が著しく進み、多種多様な文化的少数派の存在が社会のあらゆる場面で認められるようになったため、どの国でも複数の文化の共存を前提にした文化的共同体の構築が、建前としてだけでなく実質的にも求められるようになった。

この場合、マイノリティが文字通り社会の少数派である限り、彼らの存在は主流派にとってそれほど脅威ではない。たとえばアメリカでは基本的に、民主主義の多数決原理によって政治的な意思決定が行われるが、主流派が数の上でも多数派であれば、その意向や権限が損なわれる恐れは少ないからだ。しかし近い将来、白人の比率が急速に低下して半数を切ることが明らかになると、複数の文化の共存を前提にした文化的共同体の構築は、主流派にとっても重要な関心事になった。

多文化主義が社会的に注目されるようになった背景には、第二次世界大戦後急速に浸透した基本的人権思想や平等主義思想の影響を受けて、マイノリティ自身の異議申し立てや政治活動が活発になったことも作用した。アメリカを例にすれば、黒人の差別撤廃を目指した公民権運動は五〇年代から六〇年代にかけてピークをむかえたが、この運動はその後、ネイティブ・アメリカン（アメリカ先住民）やヒスパニック、プエルトリコ系、アジア系などのマイノリティにも波及した。さらに東欧系やユダヤ系などの白人の内部からも異議申し立てが行われ、ワスプ（WASP）文化への同化を基本とするアメリカ化から、さまざまな少数派の文化を尊重する方向への社会の転換が模索されるようになった。

それに加えて六〇年代後半から女性解放運動が進展したことも、多文化主義のアメリカ社会への浸透に大きく寄与した。女性は人口の半分を占めるが、男性に比べて社会的に不利な状況にあることでは、他の少数派と同じ立場にある。アメリカ社会における不平等や公正の問題を論じるときに、社会的に不遇な立場にあるマイノリティとして近年よくとりあげられるのは、①民族的（エスニック）マイノリティと②出身家族の社会経済的地位が下位の下層階級出身者、それから③女性である。ポイントは民族性（エスニシティ）も社会階層も性別も生得的な条件で、彼らが自分自身の社会生活のなかで個人的に変えることができないことにある。これらの少数派の異議申し立てや政治活動は、白人で中流階層の男性を中核にした主流派が長い間主導してきた社会のあり方に痛烈な批判を投げかけ、学校や大学を含めた教育制度全般のあり方もその根底から問われることになった。

たとえばアメリカの八〇年代以降の教育改革では、学校教育の水準を全体としてひきあげ、すべての学習者がその適性や能力、希望に応じて学ぶことができる「万人のための優れた教育」を確保するために、教育制度を根本的に改革することが目指された。そしてその達成のためにスタンダードや評価、アカウンタビリティを制度化する教育改革が連邦政府や各州で進められた経緯がある。

しかしそれにもかかわらず、全体として生徒の学力の向上はみられず、とくに人種・民族グループ間の学力格差は大きいままであった。別の言葉でいえば、一方で多文化社会に生きるアメリカの人びとに公平性を保障しながら、他方で教育の優秀性を確保するために、教育水準の全般的な向上を目指したが、そうした教育改革は結果的に成功しなかったのである。また大学へのアクセスをみると、六〇年代以降の高等教育の大衆化にともなって大学の門戸は著しく広がり、少数派の学生に対する奨学金などの財政援助も普及したが、今でも少数派にとって大学進学が不利であることに変わりはない。

このように教育改革のあり方を左右する四つの社会的背景のうち、多文化主義は、どちらかといえば社会のグローバル化が促す普遍化、標準化や一元化に対して異議をはさんだり、対抗したりする考え方や運動である。つまり多文化主義は主流派のために役に立ち、その利益を維持したり発展させたりする色彩の強いグローバリズムのイデオロギーと対峙する形で、教育改革に作用する傾向がある（ローダー他、二〇一二年、二九頁）。それに対して三つ目の情報技術革新は、どちらかといえば社会のグローバル化との関連が密接で、しかもそのベクトルの方向は相乗効果を促すように働く場合が少なくないが、いずれもより新しい傾向であり、これからの教育のあり方を形成する重要な要因になると考えられる。

それでは、こうした教育をとりまく環境変化に対応して、教育の将来はどのようになるのか。第二章では、「小さな政府」の教育政策を中心に、第二次世界大戦後の日本の教育改革の動向をたどり、その将来のあり方を展望してみよう。

第二章　日本の教育改革のゆくえ

1　日本の教育改革の動向と改革の見取り図

(1)　占領下の戦後教育改革

この第二章では、第二次世界大戦後の日本の教育改革の歩みをたどるとともに、教育改革の全体的な見取り図を描くために、教育の基本的なとらえ方をはじめ、学校制度を中心とした教育制度の改革やそのほかの教育課題の改革を整理し、今後の日本の教育改革のあり方を展望する。はじめに第二次世界大戦後の日本の教育改革の歩みを簡略にたどってみよう（主に江原、二〇〇七年c：江原、二〇〇七年dを参照）。

日本の教育制度は第二次世界大戦後、連合国の占領下に抜本的に改革された。その当時からすでに七〇年が経過し、今日まで制度の見直しや改革が何度も行われてきた。しかし現在の日本の教育制度の基本的な枠組みは、この戦後教育改革によって形成されたものである。

戦後教育改革で指導的な役割を果たしたのは、連合軍最高司令官が一九四六年一月に日本に派遣した米国教育使節団である。同使節団は約一か月の間視察と協議を行い、教育改革の方向を示した「米国教育使節団報告書」（第一次報告書）をまとめた。教育の重要事項を調査審議する教育諮問機関として同年九月に内閣に設置された教育刷新委員会は、この報告書の内容をベースにして新学制の基本構想を建議し、教育基本法（一九四七年）や学校教育法（一九四七年）、教育委員会法（一九四八年）、文部省設置法（一九四九年）などの教育法令も相次いで制定された。

このようにして六・三・三・四制を基本とする単線型の学校制度をはじめ、都道府県や市町村の実状に即した分権的な教育行政を行う教育委員会などが新たに導入された。義務教育年限は戦前の六年間から小学校と中学校を含む九年間に延長された。大学改革でも一般教育や単位制、課程制大学院、大学の基準認定（アクレディテーション）など、戦前の大学にはなかった新しい要素が導入された。その後、日本がサンフランシスコ講和条約の発効（一九五二年）を契機に独立すると、文部省は再び中央集権的な行政主導の教育改革を進めるようになる。しかしそれは、この戦後教育改革によって形成された教育制度の基本的な枠組みを根底から大きく変えるものではなかった。

(2) 行政主導の教育改革の展開

独立後の行政主導の教育改革で支柱的な役割を演じたのは中央教育審議会である。中央教育審議会は教育刷新審議会（一九四九年に教育刷新委員会を改称）を前身とし、文部大臣の諮問機関として一九五二年に設置された。なお五〇年後の二〇〇一年には省庁改編により、生涯学習審議会や教育課程審議会、大学審議会などの他の審議会と統合され、新しい中央教育審議会になった。

中央教育審議会の答申は、そのすべてが実現したわけではない。また「中教審路線」の教育政策は、日本教職員組合などの厳しい反対運動にさらされた経緯がある。さらに審議会自体も委員構成に偏りがあり、国民全体の意見を代表していないとか、当局の諮問に応じるだけでなく、重要な教育課題を自主的に審議すべきだといった批判を受けたが、日本の教育政策に大きな影響を及ぼしてきた。

たとえば「後期中等教育の拡充整備について」（一九六六年）は、高等学校への進学率の大幅な上昇に対応して、その目的や性格、拡充整備の具体策を提言した答申だが、別記の「期待される人間像」は賛否両論の激しい論議をまきおこした。「今後における学校教育の総合的な拡充整備のための基本的施策について」（一九七一年）は、昭和四六年に公表されたので「四六答申」とも呼ばれる。この答申は明治以降の日本の教育発展の動向をふまえて、生涯教育の観点から学校教育全般にわたる基本構想と拡充整備の基本的施策を提言しており、現在の教育改革の起点となった臨時教育審議会答申の先駆的存在として位置づけられる。

(3) 臨教審以降の教育改革――第三の教育改革

行政主導の教育改革の功罪　こうした行政主導の教育改革の功罪は、時代の節目ごとにくりかえし論じられてきた。教育関係者や教育に関心のある人びとによる過去の経緯や現状の厳しい批判は、教育改革にとって望ましいことでもある。しかし戦後教育改革とその後の教育改革により、学校教育の量的な拡大が急速に進展したのは、まぎれもない事実である。第二次世界大戦後の二〇世紀後半には、どの国でも学校教育の拡大と普及は社会や国民にとって望ましいことだと考えられ、その整備拡充がはかられてきた。日本はこの課題を、経済水準の急速な上昇や国民の強い教育要求を背景に、短期間の間に実現した数少ない国の一つだといってよいだろう。

ところが実際には、学校教育の量的な拡大は予想された望ましい結果を必ずしももたらさなかった。それだけでなく、学校教育のさまざまな場面でひずみやあつれきが目につくようになった。たとえばいじめや不登校、校内暴力などが教育問題として社会の関心を集めた。高等学校や大学（短期大学と高等専門学校を含む）への進学率の上昇により社会の高学歴化が進むにつれて、学歴社会の弊害が顕著になり、その是正が教育政策の重要な課題になった。生徒の基礎学力不足や学習意欲の減退、それから非行や犯罪の増加、価値観の混迷やアイデンティティの危機なども深刻な問題である。さらに予想外の課題や問題の噴出に直面して、近代教育の限界が論じられたり、教育のあり方そのものが根底から問われたりするようになってきている。

第三の教育改革の位置：「小さな政府」の教育政策の実施　現在の行政主導の教育改革の起点は、中曽根内閣直属の審議会として一九八四年に設置された臨時教育審議会に求められる。この審議会は戦後教育の総決算を目指して教育の全般的な改革を検討し、八七年までに四つの答申を公表した。これらの答申にもとづく改革は（すでに言及したように）、西欧の近代教育を導入した明治初期の改革、第二次世界大戦後の教育改革との対比で、第三の教育改革ともいわれた。

この改革の基本的視点は①個性重視の原則、②生涯学習社会の建設、③国際化や情報化などの変化への対応の三つにまとめられる。なかでもとくに強調されたのは、日本の根深い病弊である画一性、硬直性、閉鎖性を打破して、個人の尊厳、個性の重視、自由・規律・自己責任の原則、つまり個性重視の原則を確立することであった。その後も三〇年間にわたって数多くの答申や報告が公表され、それらを受けてさまざまな教育政策が実施されてきたが、教育改革の大まかな方向はほとんどどこの答申にもりこまれている。それは教育改革の論議でよく使われる個性化や多様化、弾力化、大綱化、個別化、柔軟化、活性化などといった改革の方向を示すキーワードが、答申のいたるところにちりばめられていることにもよくあらわれている。

ところで国際比較の観点からみると、こうした第三の教育改革は一九七〇年代以降、世界の多くの国ぐにで実施されてきた新保守主義（新自由主義）の立場に立つ「小さな政府」の教育政策とぴったり重なるところがある。それゆえその特徴は次のように、①教育の規制緩和、自助努力、市場競争の原理の導入、②アカウンタビリティ（説明責任）、学校評価、事後チェックの強化、③経済的な国際競争力の強化と高学歴人材の育成の三つにまとめて整理することができるだろう。

(4) 日本における「小さな政府」の教育政策の動向

教育の規制緩和、自助努力、市場競争の原理の導入　今日の日本の教育政策では、改革の基本方針として、政府も日本の教育全体のことを考えて改革の制度的な条件整備を進め、それまでの中央集権的な教育行政のあり方を分権化し、教育に関する規制も緩和するので、それぞれの学校や大学も政府や公的資金に頼らずに自助努力により教育改革を行い、お互いに競争することにより、教育の質を全体として高めることを要請している。

初等中等教育についてみると、画一的で硬直的だった学校制度を個性化、多様化、弾力化するために、義務教育の公立小・中学校にも通学区制の廃止と学校選択制の導入が実施され、保護者の学校選択の自由が認められるようになった。一貫した中等教育を行う公立の六年制中等学校も創設された。どちらも国立校や私立校では実質的に広く行われていたが、教育の規制緩和策として公立校にも導入されたのである。また才能教育や不登校の生徒を対象にした特別の教育課程（カリキュラム）

の編成などを認める例外措置とか、小中一貫教育の導入などによる義務教育の弾力化など、学校制度の弾力化も試みられるようになった。

高等学校の改革では、新しいタイプの学校として、単位制高等学校や総合選択制高等学校などが相次いで設置された。また普通科と専門学科に並ぶ新しい学科として、普通教育と専門教育を選択履修できるようにして、生徒の個性を生かした主体的な学習や将来の進路への自覚を深める学習を重視する総合学科も導入された。

学校の管理運営面では、学校の自主性や自律性を強化するために、教育課程や教員人事管理、学校財政などにおける校長の裁量権が拡大された。また各学校には、校長から学校運営に関する試問を受け審議を行う学校評議員制度が設置された。これは保護者や地域住民などの意向を把握して学校運営に反映させたり、彼らの協力をえたりすることや、学校運営の状況などを周知して学校としてのアカウンタビリティを果たすことを目的にして導入された。それに加えて、保護者や地域住民が学校運営協議会の委員になり、学校運営に参加する学校運営協議会制度（コミュニティ・スクール）の導入も進められている。さらに数は少ないけれども、構造改革特別区域法（二〇〇二年）により、株式会社立の学校の設置や、地域や生徒の実態に応じた多様な教育の取組ができるようになったので、学校の管理運営のあり方や仕組みは政策的には大きく変えられた。

市場競争の原理を浸透させるために、公的資金の重点配分も部分的に実施されるようになった。

たとえば二〇〇二年には、科学技術・理科・数学教育を重点的に行うスーパー・サイエンス・ハイスクール（SSH）や、英語教育を重点的に行うスーパー・イングリッシュ・ランゲージ・ハイスクール（SELHi）が政府の公的助成を受けて発足した。将来国際的に活躍できるグローバル・リーダーの育成をはかるスーパー・グローバル・ハイスクール（SGH）」事業も二〇一四年から開始された。

こうした制度の個性化、多様化、弾力化は高等教育でも進められた。一九九一年の大学設置基準などの大綱化により、それまでの厳しい設置基準が緩和されたため、各大学は大学独自の教育課程を開発できるようになり、大学教育の個性化と多様化が進んだ。大学入学年齢の特例措置により、一七歳から大学に進学できるようになり、専門学校卒業者の大学への編入学も可能になった。大学院への進学や学位取得を容易にするため、大学院の制度改正も実施された。夜間大学院や昼夜開講制大学院、通信制大学院、独立大学院、専門職大学院の制度化、学部三年次からの修士課程進学の容認、専門分野による学位の種類の廃止などである。専門分野の教育と研究よりも実践的な職業教育に重点を置いた専門職大学等を新設し、従来の大学や短期大学に加えて、新しい大学の種類を導入する政策も実施されようとしている。

大学の管理運営面では、大学が自らの主体的判断と責任において、急激な環境変化に対応した効率的で効果的な運営を行うために、学長のリーダーシップのもとに、適時適切な政策を実行できる管理運営の仕組みが導入された。二〇〇四年の国立大学法人化は、そうした学長を中心とする全学的な管理運営体制の整備を目指した改革であり、同じ目的で公立大学の法人化も進められた。もともと学校法人によって設置されている私立大学は、学校法人の公益性を高め、自立的で効率的な大学経営を行うために、法人の特徴を実質的に備えた大学の管理運営組織を整備するとともに、それぞれの大学の理念や方針にふさわしい大学の組織文化を構築することを期待されている。さらに株式会社立の大学も設置されるようになったため、大学の管理運営の改革では今後、民間の企業経営で開発された仕組みや手法がますます導入されると予想される。

公的資金の重点配分は、初等中等教育よりも高等教育の方が盛んに行われている。たとえば国立大学では大学院重点化政策が一九九〇年代に進められ、東京大学や京都大学などの旧制帝国大学を母体とする大学を中心に、少数の研究重視型大学の大学院が重点的に整備された。科学技術基本法（一九九五年）にもとづく科学技術基本計画も、一九九六年から科学技術活動への重点投資政策として実施され、二〇一六年から第五期が開始された。

二〇〇二年に開始された「二一世紀COEプログラム」は、世界最高水準の教育研究拠点（COE）を形成し、研究水準の向上と創造的な人材の育成をはかるために、大学院研究科専攻（博士課程レベル）を対象に重点的な支援を行い、国際競争力のある個性輝く大学づくりを推進することを目的にしていた。大学教育を改善するために「特色ある大学教育支援プログラム（特色GP）」を皮切りに、第三者評価にもとづいて競争的な公的資金配分を行うさまざまな支援プログラムも実施されてきている。

アカウンタビリティ、学校評価、事後チェックの強化　このように政府が教育に関する規制を緩和して、学校や大学の自助努力を促し、市場競争の原理を導入すると、政府の権限は弱まるようにみえるが、実際にはかえって強化された面もある。たとえばアカウンタビリティの考え方にもとづいて、学校や大学は経営責任を明確にするために、その運営状況に関する情報を広く社会に公表することを求められるようになった。

それに加えて学校評価や大学評価も導入された。初等中等教育では二〇〇二年から、各学校は教育活動やそのほかの学校運営の状況について自己点検・評価を行い、その結果を公表することが努力義務化し、保護者や地域住民などによる外部評価を実施するところも大幅に増えた。その後二〇〇七年には、学校教育法の改正により、学校評価に関する根拠となる規定や学校の積極的な情報提供についての規定が新たに設けられ、翌二〇〇八年には文部科学省で「学校評価ガイドライン」も作成された。またその改訂版が二〇一〇年と一六年に公表されている。二〇一〇年の改訂は、自己点検・評価や外部評価に加えて第三者評価を導入するための改訂であり、二〇一六年の改訂は、小中一貫教育を実施する学校における学校評価の留意点をガイドラインに反映させるための改訂である。

高等教育では、一九九一年に大学設置基準などが大綱化された際に、各大学はその教育研究活動などを自己点検・評価して、継続的に改善していくことを努力義務として要求された。その後、大学の自己点検・評価は義務化（一九九八年）し、二〇〇二年から第三者評価、つまり当該大学の職員以外の者による検証も義務として求められるようになった。またすべての大学は認証評価、つまり文部科学大臣の認証を受けた評価認証機関による評価を受けることを義務づけられた。

さらに法人化後の国立大学の場合、各大学は六年間の中期目標と中期計画を策定するが、その実績を国立大学法人評価委員会に報告して、評価を受けなければならない。これは法人化した公立大学の場合もほぼ同じである。それに加えて国立大学の場合、二〇一〇年には第一期の実績評価にもとづいて、各大学に対する第二期の政府の財政支援額が決定され、実績による資金配分（パフォーマンス・ファンディング）も試行された（江原、二〇一五年、一二二－一二三、一六六－一七一頁）。

このようにみると、政府の教育政策の方針は学校設置基準や大学設置基準などによる厳しい「事前規制」から、改革の成果を問う「事後チェック」も重視する方向へ大きく変わってきた。その意味では、政府の権限はかえって強化されたのである。

経済的な国際競争力の強化と高学歴人材の育成

「小さな政府」の教育政策は、自国の経済的な国際競争力を強化するために、就学前教育の幼稚園から大学までの学校教育を改善し、優れた高学歴人材を育成することを目指している。一九八〇年代のイギリスやアメリカの「小さな政府」の教育政策は、当初から国民のやる気や競争心、進取の気性を活用して学校教育の人材育成機能を高め、人的資源の全体的な底上げをはかるとともに、先端的な学術研究を推進し科学技術を発展させることを目指していた。そしてその条件整備のために実施したのが、全国テストの導入とその結果の公表や学校選択制、公的資金の重点配分などの制度改革である。

ところがそうしたアングロサクソン流の能力主義教育を重視する政策が日本で実施されるようになったのは、九〇年代後半以降のことである。それには次のような理由がある。理由の一つは、改革の起点となった臨時教育審議会は、その当時日本で社会的な関心を集めていた学歴社会の弊害の是正を最も重視しており、その背後にある社会や教育の画一性、硬直性、閉鎖性を打破し、個性重視の原則の確立を目指していたことである。

そのため一方で、深刻な財政難に対処する行財政改革の一環として、民間活力を生かした学校や大学の自助努力も要請したが、最も力を注いだのは偏差値教育や受験競争を是正し、若い世代が学習意欲を高め、それぞれの個性を生かして自己実現をはかることができる教育制度を構築することだった。その後の教育政策では、この方針に沿って教育制度の個性化、多様化、弾力化政策や、「ゆとりと充実の教育」を目指す学習指導要領の改訂などが行われた。

もう一つの理由は、先進諸国の経済は七〇年代後半以降、オイルショックを契機に低成長の時代に移行したが、そのなかで日本は例外的に、当時の西ドイツとともに、圧倒的に強い経済的な国際競争力を誇っていたことである。さらにその強さを支えてきたのは日本の中央集権的な能力主義教育であり、それこそが学歴社会の弊害をもたらし、さまざまな教育問題を生んだのではないかという認識もあったからだ（岩木、二〇〇四年、二八―二九、一四二―一四三頁）。

しかし一九九一年にバブル経済が崩壊し、日本の経済が長期低迷期に入ると、日本の教育政策も学校教育を改善して優れた高学歴人材を育成する方針に転換した。たとえば大学における研究や人材育成については（すでに述べたように）、科学技術基本法（一九九五年）やそれにもとづく科学技術基本計画（一九九六年）により、基礎的な専門分野よりも経済発展に役立つ応用的な専門分野の教育研究が重視されるようになった。この科学技術基本計画による科学技術活動への重点投資政策は、二〇一六年から五年間続く第五期が開始された。

初等中等教育では、「ゆとりと充実の教育」を目指した一九九八年の学習指導要領改訂をめぐって、激しい学力低下論争が展開された。そうした政策批判への部分的な対応策として、二〇〇二年から施行された学習指導要領は最低基準として位置づけられ、教科書に「発展的な学習」がもりこまれることになった。その後二〇〇八年の「脱ゆとり」を目指した学習指導要領改訂では教育内容を増やし、二〇二〇年から順次開始される学習指導要領でも、小学校で英語が教科になって授業時数が増えるなど、教育内容の増加はあっても削減はみられない。また全国的な学力調査は一九六七年以降とだえていたが、文部科学省が義務教育の教育水準を維持・向上させるために、小学校第六学年と中学校第三学年を対象に、二〇〇七年から全国学力・学習状況調査を実施するようになったのも大きな変化である。

(5) 教育改革の見取り図――国際比較

このように日本における「小さな政府」の教育政策では、実に多種多様な改革が試みられてきた。しかし今日の日本の教育制度は本当に、時代や社会の変化に適切に対応するとともに、教育の本質に適ったものに改善されたのだろうか。人間形成には学校教育だけでなく、家庭における教育のあり方や卒業後の社会生活なども重要な影響を及ぼす。また教育とは何かという基本的な問題をはじめ、教育をめぐる諸問題を教育学の視点からあらためて総合的に検討することも不可欠である。この本では、そうした幅広い観点から、学校教育の改革を中心に、転換期にある日本の教育改革の現状と将来の方向を国際比較の観点から探るために、次のような教育改革の見取り図をあらかじめ設定して、日本の教育のゆくえを考える際の素材を整理しておこう。

教育の基本的なとらえ方　教育をめぐる諸問題を考察する際に最も重要なのは、教育とは何かという基本的な問題を明らかにすることである。教育という言葉に近い意味をもつ言葉として学習と発達がある。これらの三つの言葉はいずれも人間にとって不可欠な行為をあらわす重要な言葉だが、今日では教育や学習の意義があいまいになり、その必要性すら疑われている。また発達もさまざまな批判にさらされている言葉である。しかし教育学の立場からみると、教育は学習や発達と密接に関連しており、しかも人間が生涯にわたって人間らしく生きていくために不可欠なものである。

教育学研究では、教育も学習も教育学の中心概念としてくりかえし考察されてきた。二つの言葉の漢字、邦語、英語における語義を検討すると、どちらも「教えること・授けること」と「倣うこと・学ぶこと」の二つの意味を兼ね備えている。また教育と学習は、人間が人間らしく生きるためには不可分に結びつく必要がある。というのは、教育は学習が成立するように支援する「学習への援助」として位置づけられるからである。つまり学習そのものはあくまでも学習者自身によって行われるが、教育はそうした学習への動機づけをしたり、学習意欲を喚起したり、学習する機会を準備することにより、学習者の学習過程を適時に、的確に支援することを意味するのである。

教育は発達とも密接に関連している。受胎の瞬間から死に至るまでの生涯のなかで、人間には生理的、身体的、精神的にさまざまな変化が生じる。それらの変化のうち、発達とは、方向性をもって進行し、ある程度持続的、構造的とみなすことができる変化を総称する言葉である。そして教育は、一人ひとりの人間がその生涯にわたる発達を見通し、個性や能力、適性などに十分配慮しながら、新たな自己と世界を発見し、人間らしく生きるために変わっていくことを支援する行為として位置づけられる。

こうした考察をふまえると、教育は次のように定義することができるだろう。つまり教育とは、一人ひとりの人間を対象に、その発達や学習を適切かつ十分に援助することによって、彼らが社会の一員として必要な社会的・文化的能力を習得するとともに、真の自己に目覚め、人間らしく生きていくために生涯にわたって努力し続けることを支援する社会的行為である（山﨑、二〇〇七年、二二頁）。

このような教育の考え方にもとづいて、たとえば西欧と日本の代表的な子ども観と教育観の歴史的な変遷をたどってみると、被教育者としての子どもと教育者である大人との関係は、時代や文化によって大きく異なっている。しかし変わったのは子どもそのもの、つまり子どもの実体ではなく、教育者である大人や社会のあり方であり、それにともなって子どもと大人との関係が変化してきたことが分かる。子どものDNAが千年や二千年で大きく変わることなどありえないのである。

第二次世界大戦後の日本についてみると、子どもの人格を等しく尊重し、その完成を目指す民主主義的な教育を目的とした教育基本法（一九四七年）や、子どもを健やかに育成・愛護されるべき権利の主体としてとらえた児童福祉法（一九四七年）、子どもを人権の主体として位置づけた児童憲章（一九五一年）などが相次いで制定された。したがって戦後日本の法令上の子ども観と教育観はそれなりに申し分のないものである。また袋小路のない単線型の学校制度が体系的に整備され、学校教育の量的な拡大は就学前教育から高等教育まで急速に進展した。経済の高度成長期を経て、日本は経済的に豊かな国になり、よい環境のなかで子どもらしい生活を保障された「子ども期」も、実質的に確立されたといってよいだろう。

ところがそれにもかかわらず、深刻な教育問題が噴出するのは、子どもの側に問題があるのではなくて、大人や社会の側が、急速な社会変化に適切に対応した大人や社会の望ましいあり方をふまえ、教育の本質に適った教育改革をどのように進めればよいのか、その基本的な方向を見通すことができないからである。

教育制度の改革：見取り図　教育制度は広義には、教育に関するすべての社会的な枠組みや仕組みを含むけれども、今日ではその多くは国民国家と強く結びついた公教育制度として成立している（主に江原、二〇一一年bを参照）。また公教育制度自体もさまざまな制度によって構成されているが、その中心に位置するのは学校制度である。この学校制度を教育段階に応じて分類すると、就学前教育、初等教育、中等教育、高等教育に分けられる。

現在の日本の学校制度で確認すれば、義務教育に達する前の就学前教育に相当するのは幼稚園であり、初等教育段階には小学校が設置されている。なお厚生労働省所轄の保育所も幼稚園と同様に、就学前教育を提供している。また青年前期と青年中期の若者を主な対象とする中等教育は中学校と高等学校という二つの学校段階に分けられるが、両者を一貫させた中等教育学校も一九九八年以降、新たに設けられるようになった。中等教育修了後に進む高等教育段階には、大学や短期大学があり、大学にはさらに大学院が設置されている。なお高等専門学校は後期中等教育と高等教育にまたがって設置された五年制の学校であり、法令上高等教育機関に含まれる。

こうした学校制度の改革以外の多様な教育課題の改革は、次の三つに大きく分けて整理することができるだろう。第一は、既存の学校教育のあり方によって生じたと考えられる課題の改革である。従来の考え方では学校教育は無条件でよいものだととらえられ、その正統性を疑問視されることはほとんどなかった。ところが実際には（すでにくりかえし述べているように）、学校教育の拡大は予想された望ましい結果を必ずしももたらさなかった。学校教育のさまざまな場面でひずみやあつれきが目につくようになり、公教育の限界が論じられたり、教育のあり方そのものがあらためて問われたりするようにもなった。

これらの教育課題には、校内暴力やいじめといった教育病理の問題がある。また社会のグローバル化や国際的な人的移動の増加などによって、国内に多様な価値観をもつ人びとが増えたため、学校教育でどのような価値を教えるのがよいのかという点も問い直されるようになってきている。

第二は、国際的な潮流のなかで深刻な教育上の問題として認識され、各国の教育政策でも対策を講じることが必要になってきた教育課題の改革である。そうした試みの一つは、学校中心の教育に対する批判から生涯学習という考え方にもとづいて教育制度全般を見直し、再構築しようとする改革である。そのほかに国際学力調査の結果をふまえて学力向上を目指す取組や、ジェンダーの視点からみた教育場面での男女格差の解消を目指す改革なども、各国の教育政策でとりあげられている。

第三は、社会のグローバル化や国際化の進展にともなって、具体的な対応を迫られるようになった課題の改革である。それらの教育課題には、発展途上諸国における教育格差の是正や世界共通の教育問題の解決などを目指す国際教育協力の展開をはじめ、教育の国際化に対応した既存の教育制度の標準化や教育内容などの見直し、教育をめぐる人や教育プログラム、教育機関などの国際流動の拡大にともなう既存の教育制度の見直しや再構築などがある。

2　学校制度をめぐる改革課題

(1)　就学前教育の課題

こうした教育制度の改革の見取り図のうち、学校制度をめぐる改革課題についてみると、就学前教育は伝統的に二元的制度、つまり家庭において十分な養育が受けられない幼児を対象とする福祉措置としての養護サービスと、家庭で十分な養育が受けられる幼児を対象に彼らの心身の発達をはかるエンリッチメント事業としての教育サービスを含む二元的な制度として発達してきた。ところが先進諸国を中心に、女性の高学歴化と労働力化の進展にともなって、養護も教育も求める社会層が増加したため、養護と教育を統合的に行う一元的な幼児教育・保育制度を構築する動きが各国で拡大してきている。

日本でも幼稚園は文部科学省の所轄、保育所は厚生労働省の所轄に区分され、保育所への入所は児童福祉法にもとづく「保育に欠ける」子どもに制限されてきた。しかし少子化の進行もあり、一九八〇年代後半以降多様化する子育て支援ニーズに柔軟に対応する制度設計の必要性が強調され、幼保一元化に向けた議論が活発になるとともに、幼保連携による施設の共用化などの取組や認定子ども園の設置などが進められている。二〇一二年に成立した「子ども・子育て関連三法」にもとづく子ども・子育て支援新制度も、幼児教育・保育や地域の子ども・子育て支援の拡充を総合的に推進することを目指して、二〇一五年から施行された。

この養護と教育の一元化は、幼児期における教育活動や教育環境の充実を求める動きとも連動して発展してきた。幼児期は生涯学習の第一段階に位置づけられ、発達保障の観点から幼児教育・保育の質保証の仕組みを強化し、公的支援を拡大する改革が世界各国で進められている。ただし子どもが幼児期に習得すべき知識や技能に関する考え方は一律ではなく、たとえばアメリカでは識字力や基礎計算力を重視する「就学準備型」の改革が進められ、スウェーデンでは子どもの多様なニーズに対応した学習を重視する「生活基盤型」の幼児教育・保育の構築が目指されている。

日本の幼児教育では伝統的に、遊びを通じた自主性（心情、意欲、態度）の育成が重視され、認知的教育は明示的には重視されてこなかった。しかしその一方で、「小一プロブレム」や学級崩壊といった就学後の子どもをめぐる教育課題に対処するために、幼稚園・保育所・小学校の連携が試みられるなど、新たな方向性も模索されている。

就学前教育の改革では、すべての子どもがその後の学校教育や生涯学習に向けてしっかりとしたスタートが切れるように、質の高いプログラムを十分に提供する必要がある。そのためには、子どもの視点に立った学習を支援する幼児教育・保育のあり方を確立し、その質を保証するとともに、すべての子どもが平等に一定水準以上のプログラムに参加できるような就学機会を実現することが求められる。

(2) 多様な初等中等教育の改革

学校制度の弾力化　初等中等教育の改革では、国民統合や次世代育成の観点から、教育機会の十分で公平な提供、適切な教育課程（カリキュラム）や教育内容の編成、教育の質の維持・向上、制度の効率的な運営などを目指す多様な試みが実施されている。発展途上諸国の場合、教育の普及は今日でも重要な政策目標の一つだが、先進諸国ではすでにかなりの程度普及していることもあり、既存の制度の見直しがさまざまな面で進められてきた。とりわけ従来の画一的な制度は必ずしも現代社会にふさわしいものではないとの考えから、どの国でも多様なニーズに対応した柔軟で弾力的な学校制度の構築が模索されている。

学校制度の弾力化とは、既存の学校制度の仕組みを基本的に維持しながら、社会のグローバル化などの急激な状況の変化に応じて、柔軟に学校制度を変化させるとともに、ときには例外措置を講じることを意味する言葉である。各国の教育政策では、国際競争力強化のための教育戦略として多様な教育改革が実施されている。たとえばタイやマレーシア、韓国などでは、もっぱら外国籍の子どもを受け入れてきた国際学校（インターナショナル・スクール）に対する規制を緩和し、自国の子どもも入学できるようにした。これは世界的な国際競争時代における国際学校のあり方を肯定的に評価し、国際的な通用度の高い英語を教授用語とし、国際修了資格をもつ国際学校を自国の子どもにも積極的に開放する改革である。

才能教育の充実も学校制度の弾力化をはかる改革といってよいだろう。諸外国のなかには、学習スタイルが標準とは異なる生徒の学習権を保障するための教育上の例外措置として、才能教育の制度やプログラムを整備しているところがある。たとえばアメリカは教育課程の履修方式や学習の組織形態の面で、実に多彩な才能教育を行っている国である。それは特別支援教育や個性化教育などと同様に、生徒のさまざまな教育ニーズに応える教育支援の一つとして位置づけられている。

日本では才能教育は非常に限られた形でしか制度化されていない。学校教育の画一性と硬直性を克服する施策として、高校二年修了時点で大学への「飛び入学」が認められたのは一九九八年のことである。また二〇〇二年に発足したスーパー・サイエンス・ハイスクール（ＳＳＨ）やスーパー・イングリッシュ・ランゲージ・ハイスクール（ＳＥＬＨｉ）なども、アメリカの豊かなレパートリーに比べると貧弱であり、日本の才能教育はまさに萌芽期にあるといってよい。

そのほかに日本の教育政策でも、特定の学校で不登校生徒のために特別の教育課程を編成することを例外措置として認めるようになった。不登校の生徒が学ぶフリー・スクールや、学校ではなく家庭に学習の拠点を置いて学ぶホーム・スクーリングなど、学校外での義務教育を正式に認めようとする動きもある。義務教育の改革案として、小・中学校の区切り方や小中一貫教育の導入などの面で義務教育を弾力化し、地方が多様な教育を主体的に実施できるようにするための提言も公表されている。こうした学校制度の弾力化は基本的に望ましいことであり、日本でも今後ますます求められるようになると予想される。

教師教育の高度化　教員の質を高めることはどの国でも教育改革における重要な課題の一つであり、教職の専門職化を目指して、教員養成と教員研修を含む教師教育のあり方の再構築が進められている。

歴史的にみると、教員養成は必ずしも高等教育段階で行われてきたわけではない。しかし近年では多くの国で、教員養成は大学院を含む高等教育段階で行われるようになった。それにともない養成期間が長期化し、教員となる年齢が高くなるとともに、教育実習にかける時間も長くなる傾向にある。

教員研修の考え方は大きく二つに分けることができる。一つは、研修とは教員が仕事のなかでみつけた課題を解決するために自ら進んで学ぶ機会を求め、資質能力の向上に努めることだという考え方であり、もう一つは、教員を雇用したり監督・指導したりする機関や組織が教員の資質能力の向上を意図して組織的に実施するものだという考え方である。各国では現在、これらの二つの考え方をくみあわせたさまざまな教員研修が行われている。

日本でも教員の資質能力、とりわけ実践的指導力の向上を目指して教師教育の改革が進められている。今後の方向として重要なのは、第一に、専門職としての教職という視点から教員養成や教員研修のあり方を検討することである。第二に、教育の現場ですぐに役立つ実践的指導力の向上ももちろん重要だが、教師教育、とりわけ大学での教員養成でとくに重視する必要があるのは、主体的に学び続けるのに不可欠な意欲や基礎学力をはじめ、生涯にわたって教員として成長するための基礎となる資質能力の向上である。第三に、行政機関はいわゆる行政研修の充実をはかるだけでなく、教員が自らのニーズに従って主体的に研修ができるような条件を、これまで以上にいっそう整備することが求められる。

(3) 高等教育改革の方向性

社会のグローバル化や知識基盤社会への移行にともなって、高等教育の量の拡大と質の維持・向上は多くの国ぐにでますます重視されるようになった。高等教育改革の世界的動向は、高等教育の量的拡大とそれがもたらす高等教育の多様化、政府と大学との関係の変化、とくに大学の自律性の拡大、大学の質の維持・向上を目指した大学評価の導入などにまとめられる。

日本の高等教育改革もこうした世界的な動向、とくに東アジアの中国や台湾、韓国などの改革と共通した動向を示している。その方向性や課題は次の三点にまとめられる。第一に、政府の関与と大学の自律性とのバランスをどのようにとるのかという課題がある。政府の関与が強すぎれば学外の環境変化に対する大学の対応が画一的になったり、迅速な対応が損なわれたりする。ところが他方で、大学の自律性が過度に高まればシステムとしての高等教育の統一性の確保が難しくなる恐れもある。重要なのは、日本の教育制度がもつ歴史的条件や伝統、高等教育をとりまく状況などをふまえて、日本社会に最もふさわしい政府と大学との関係を構築することである。

第二に、政府は日本の高等教育の全体像や将来構想（グランドデザイン）をふまえた教育政策を策定するとともに、個別の大学の改革努力をどのように支えていくのかを明確にすることが求められる。改革のなかには個別の大学が自主的にとりくむべき課題も少なくないが、大学の努力だけで解決できる部分は限られているからだ。第三に、政策的には大学の側も主体的に改革を進め、活動の質を高めていくことを強く要請されている。そのために大学は与えられた条件のなかで、自らの理念にもとづいた改革に積極的にとりくんでいく必要がある。そしてその際には、日本の他大学や海外の大学の取組は大いに参考になるはずである。

3 現代的教育課題へのアプローチ

(1) 学校教育のあり方の見直し

続いて、こうした学校制度に直接関連した教育課題以外の改革を、三つの現代的教育課題、つまり(1)学校教育のあり方の見直しによって生じたと考えられる教育課題、(2)国際的な潮流のなかで認識されるようになった教育課題、(3)社会のグローバル化や国際化に対応した教育課題としてまとめ、それらの改革の方向を探ってみよう。

教育病理としてのいじめ問題　現在の学校教育はさまざまな問題を抱えていて、そのあり方を見直し、早急に対処したり解決したりすることが求められている。いじめ問題もそうした問題の一つである。かつてはいじめを日本特有の問題だと考える見方もあったが、一九九〇年代以降の国際比較研究などを通して、いじめ問題はどの国にもあり、それぞれの状況に応じた対応策がとられていることが明らかになってきた。

日本における一九九五(平成七)年以降のいじめの認知(発生)件数は全体として減少傾向にあった。しかし発生件数を公表していた最後の年の二〇〇五年でも、二万件を超えるいじめが報告されていた。さらに認知件数の公表に変わった後の二〇〇七年の件数は一〇万件を超えていた。その後いじめ防止対策推進法が二〇一三年に与野党の議員立法により成立し、同年に施行されたが、二〇一四年の認知件数は一八万八千件を数えた（文部科学省初等中等教育局児童生徒課、二〇一五年、四頁)。このいじめ問題を考える際に重要なのは、いじめはどの子どもにも起こる可能性があるし、どの子どもも被害者のみならず加害者にもなる可能性があるということである。

多くの学校ではいじめ問題への日常的な取組として、職員会議などを通じて教職員間で共通理解をはかったり、道徳や学級活動の時間にいじめにかかわる問題をとりあげて指導したりしている。政府の教育政策でも、分かる授業・楽しい学校の実現と心の教育の充実や教育相談体制の充実などが展開されてきた。しかしそれにもかかわらず、いじめの件数が際だって減少したとか、根絶されたということはないのである。

実際に起きている個々のいじめへの適切で迅速な対応はもちろん重要である。しかし長期的にみると、生徒全体を対象にしていじめを未然に抑止する措置を講じていく方が有効なのかもしれない。また海外の実践で効果的だと評価された対応策も、そのまま日本のケースに適用するのではなく、あくまでも参考にしながら、いじめをとりまく教育の実状や社会の状況などをふまえた対応策を整備していく必要があるように思われる。

価値教育の充実　今日の学校教育では、基礎的な教科の学習だけでなく、生徒が多文化社会にふさわしい知識や技能、考え方、態度などを学ぶ価値教育を充実することも求められている。この価値教育には（第三章であらためて詳しく検討するが）、市民性教育や宗教教育、道徳教育、多文化教育、反人種差別教育などのほか、校風や課外活動、学習の共同体としての学校生活などといった学校の潜在的カリキュラムも含まれる。ポイントはどの教育も多文化社会における価値を対象にしているので、複数の価値の共存をあらかじめ想定していることである。

価値教育の実践では、多文化社会において複数の文化を結びつけるために不可欠な共通価値として、民主主義のあり方を身につけてもらうのが大切である。また多文化社会にふさわしい知識や技能、態度を、その国に住む人びとが共有することも要請される。それはたとえば国内の文化的多様性、とくに主流派よりも少数派の文化遺産のプラス面を積極的に評価する多文化主義の考え方を承認することであり、その立場から文化的共同体の構築を目指す考え方を是認することである。

こうした民主主義と多文化主義にもとづいた多文化社会における価値教育では、市民性教育と宗教教育は非常に重要な位置を占めている。今公教育で求められている市民性教育は、生徒が国家に関する知識や愛国心だけでなく、社会活動に能動的に参加するための知識や技能、さらに多様な文化が共存する多文化社会にふさわしい態度や考え方、価値観、生き方などを幅広く学ぶことができる教育である。

宗教教育の改革では開放的な宗教学習、つまり開放的で多様な解釈や理解が可能な世界観や人生哲学の探究を含んだ、教育的な宗教教育を目指すことが望まれる。それは複数の価値が共存する多文化社会で、人類が長い時間をかけて作り上げてきたさまざまな宗教的伝統や考え方を学ぶことにより、生徒が自らその人生の意義や生き方を探求し、どのような場面でも自律的な意思決定ができるようになることを支援する教育である。

(2) 国際的な潮流にみられる教育課題

生涯学習体系の構築　生涯学習（生涯教育）は一九六〇年代以降、国際連合教育科学文化機関（UNESCO：ユネスコ）と経済協力開発機構（OECD）が主導的な役割を果たすことによって発展してきた教育の考え方であり、世界の多くの国ぐにで教育改革を進める際の重要なよりどころの一つとなっている。とくに近年は改革の焦点が教育から学習に移り、これまで教育から疎外されていた人びとが学ぶことや、人びとが人間としてよりよく生きるために学ぶことが重視され、さらにそうした学習機会を可能にする条件の整備が、各国の教育政策でとりくまれている。

日本では、一九七〇年代にとりいれられた「生涯教育」という考え方は八〇年代以降、政策的には「生涯学習」と表現されるようになり、その促進のための基盤整備が進められてきた。文部省（現、文部科学省）は八八年に社会教育局を改組して生涯学習局（現、生涯学習政策局）を設置し、同省の筆頭局に位置づけた。さらに九〇年代以降は、生涯学習の促進を目指してさらなる基盤整備に加えてさまざまな振興策を実施してきている。

今後の課題は、第一に、より多くの人びとが生涯学習にかかわる活動に参加できるように、希望者が利用しやすい施設設備を整える必要がある。第二に、社会全体で生涯学習の重要性が共通に認識される必要があり、そうした認識にもとづいて、人びとの時間的・経済的余裕を確保したり、生涯学習の成果を適切に評価する仕組みをとりいれたりする努力が続けられなければならない。第三に、一人ひとりが生涯学習の意義を認め、主体的に活動に参加することも求められる。そしてそのためには、学校教育の場で（社会に出て活躍する前に）、自ら学び、自ら考えることができる能力や生涯学習の意義について学ぶ機会を充実することも重要な課題である。

国際学力調査のインパクト　社会のグローバル化が進展するなかで、国際学力調査が世界的な関心を集めるようになった。その背景には、社会のグローバル化にともない、人材や労働力の国境を越えた移動が急増したため、どの国でも自国の教育水準を国際的文脈のなかで客観的に位置づけ、その改善の必要性や改革の方向性をみきわめる要請が高まってきていることがあげられる。それゆえ国際学力調査は、各国の教育政策に対して大きなインパクトを及ぼしてきた。

日本でも一九九九年以降の学力低下論争との関連で、国際教育到達度評価学会（IEA）による「国際数学・理科教育動向調査（TIMSS）」や、経済協力開発機構による「生徒の学習到達度調査（PISA）」などの国際学力調査は幅広い社会的な関心を集めた。国際学力調査の結果は、総合的にみると日本の教育水準はほかの国ぐにに比べて優れており、危機的な「学力崩壊」状況にはないことを示していた。ところが現実には、調査結果は日本の子どもや若者の学力低下を裏づける根拠として利用され、日本の教育課程行政に路線転換をもたらすほど、大きな影響を与えたのである。

しかし日本の教育水準を国際的文脈のなかで客観的に位置づけ、その改善の必要性や改革の方向性をみきわめる道具として国際学力調査を活用するためには、国際学力調査と日本の教育課程の実施状況をとらえる学力調査、たとえば二〇〇七年から実施されている全国学力・学習状況調査などとの対応関係を系統的に明らかにする必要がある。というのも国際学力調査は、各国固有の学力調査を用いて明らかにした生徒の学習状況を国際的な尺度の上に位置づけ、その特徴を相対化する役割を果たすことによって、国際的通用性のある人材育成に向けた教育改善を促す道具として重要な意義をもちうるからだ。そうした綿密な作業を組織的に実施することによってはじめて、国際学力調査を日本の教育改善に役立つように活用することができる。

ジェンダーと教育問題　ジェンダーという言葉は、一九六〇年代後半以降の第二波フェミニズムのなかで、生物学的性別を指すセックスと区別され、社会的・文化的に形成される性別を意味する概念として誕生した用語である。そしてジェンダーに着目した教育研究は七〇年代以降、学校教育のさまざまな場面で顕在的、潜在的にみられる性差別を明らかにしてきた。

また発展途上諸国における女性開発アプローチは五〇年代から進められたが、八〇年代後半以降の大きな変化は、「開発のなかの女性」から「ジェンダーと開発」アプローチへ移行したことである（服部、二〇一一年、一六三―一六四頁）。これは女性を開発過程に統合するだけでなく、エンパワーメント、つまり一人ひとりが発展や改革に必要な力を身につけることを通して、社会に現存する不平等なジェンダー関係を変革するとともに、女性の生き方の多様性をふまえて、ジェンダーを社会階層や民族性（エスニシティ）などと並ぶ分析概念としてとらえるアプローチでもある。

こうした国際的な潮流と並行して、ジェンダーをめぐる教育問題の重要性も認識され、さまざまな教育改革が試行されたり、実践されたりするようになった。たとえばジェンダー・バイアスからの自由を目指すジェンダー・フリー教育は、アメリカにおけるそうした近年の取組の一つである。

また発展途上諸国におけるジェンダーをめぐる教育問題でジェンダー格差を分析する際には、女性だけでなく両性を包含した視点が必要なことも指摘されている。

日本で教育の機会均等が成立したのは、第二次世界大戦後の教育改革においてである。男女別学・男女別体系の学校制度が定着していた戦前と異なり、戦後の新しい学校制度は単線型と男女共学を柱として発足した。その後、一九八五年の女子差別撤廃条約の批准にもとづいた八九年の学習指導要領改訂により、高等学校の家庭科は男女必修となり、学校制度における男女同一の教育課程が実現した。ジェンダーをめぐる教育問題の検討も制度的な問題から、男女分化の内部構造や隠れたカリキュラムの存在などの学校の内部構造の問題に拡大し深められた。

さらに日本でも近年、ジェンダーの視点に立つ教育改革や実践的政策提言が進められている。一九九九（平成一一）年には、男女共同参画社会の形成を総合的かつ計画的に推進することを目的とする男女共同参画社会基本法が施行された。第三次男女共同参画基本計画（二〇一〇年）でも、男女共同参画を推進し多様な選択を可能にする教育・学習の充実や科学技術・学術分野における男女共同参画などが謳われている。しかしジェンダーと教育に関する議論やジェンダーの視点に立つ教育実践をいっそう発展させるためには，この問題の複雑性に配慮し、日本社会の特徴をふまえた長期的な取組が必要である。

(3) 社会のグローバル化や国際化に対応した教育課題

国際教育協力の展開　国際教育協力は教育分野の国際協力を指す言葉である。教育分野の国際協力には学校教育に加えて、識字教育や社会教育、放送教育、職業教育などに関する援助、教育機関での研究プロジェクトに関する援助などが含まれる。なお一九九〇年代までは「教育援助」という表現が使われていたが、二一世紀に入る頃から「教育協力」が一般的に使われるようになった。

第二次世界大戦後の世界の国際教育協力の歴史的動向を、アメリカを中心にたどってみると、次の三つの大きな流れを確認することができる。第一に、教育分野における国際協力の重点は一九九〇年代以降、中等教育や高等教育、職業教育から基礎教育へ移行した。第二に、国際協力の手法は七〇年代以降、効率性や経済成長を重視するアプローチから、人間の幸福を開発の目的にしたベーシック・ヒューマン・ニーズや人間開発アプローチへ移行した。第三に、国際教育協力の援助主体はアメリカから、国際通貨基金や世界銀行などの国際金融機関や国際機関へ移行した。そして今日の国際教育協力は、教育格差の是正と共通する教育問題の解決のため、「万人のための教育」の普及とともに、教育の地方分権化や参加型学校運営などの新たな支援の方向性を模索している。

こうした国際教育協力の国際的な動向のなかで、日本の国際協力機構（ＪＩＣＡ）は現在、基礎教育や職業技術教育・訓練、高等教育の分野で多彩な取組を行っている。今後の課題としては、政府開発援助（ＯＤＡ）予算が減少傾向にあるため、効率的な資源活用が求められている。また国際協力はもともと政治性の強い活動だが、国際教育協力も先進諸国による発展途上諸国への過干渉や支配とならないように留意する必要がある。さらにアジア諸国の多くは現在でも、西欧型ではない教育の発展の秘訣、つまりアジア型教育発展の模範を日本に求めているので、日本の経験の積極的な発信も国際教育協力の重要な活動である。

教育の国際化に対応した改革　教育の国際化に対応した既存の教育制度の標準化や教育内容の見直しも、近年注目されている教育課題である。教育の国際化を進めるには、国際化のための教育と教育制度の国際化を推進する必要がある。一つ目の国際化のための教育は、国際化した社会で人びとが生きていくのに必要な知識や技能、態度の教育であり、国際理解教育や外国語教育、日本語教育などがある。いずれも長年にわたって改善充実がはかられてきたが、政府や関係者のなおいっそうの努力が期待されている。

二つ目の教育制度の国際化には、学校組織の普遍化と制度的な特別措置がある。学校組織の普遍化は学位や卒業証書をはじめ、入学者選考や卒業資格要件、教育課程の構成など、教育制度の共通する部分を標準化し、どの国の教育を受けても世界で同様に評価されたり、処遇されたりするように学校組織を改善することを目指している。

それに対して制度的な特別措置は、各国の教育事情を考慮して、独自の教育の仕組みを整備することを目指すもので、日本では海外子女教育・帰国児童生徒教育や外国人児童生徒教育などが実施されている。制度的な特別措置は特定の集団を優遇するため、場合によっては社会の多数派の人びとの反発を受けやすい。しかしこれらの教育は教育制度のなかで、義務教育や障害児教育などの教育機会を公的に保障する制度と同様な位置にあり、その教育機会を国内外で整備するのは、国際化時代の学校教育にとって非常に重要な課題である。

国際的な教育流動をめぐる教育課題　国際的な教育流動の拡大にともない、日本を含めた多くの国ぐにでは既存の教育制度を再構築し、トランスナショナルな教育を含めた新たな教育のあり方を探ることが要請されている。というのも各国の公教育や教育政策は、これまで国内の教育状況の改善や充実を中心に進められてきたが、国境を越える国際的な教育活動が拡大するにつれて、そうした見方や考え方ではとらえきれない教育の問題や課題が生じてきているからである。

国境を越えて提供される教育活動は人、教育プログラム、教育の提供者の三つのタイプに大まかに整理することができる。第一のタイプは、生徒や学生、教員、研究者、専門家などといった人の国際移動であり、生徒や学生の海外留学、交換留学プログラムや海外の企業等の職場でのインターンシップへの参加などがある。第二のタイプは、資格取得課程や学士課程、大学院課程などの教育プログラムの国際移動であり、ツイニング・プログラムやダブル・ディグリー・プログラムなどが開発されている。第三のタイプは、教育の提供者自体の国際移動であり、外国大学の分校の開設をはじめ、バーチャル大学の設立や大学の合併・買収などが実施されている。三つのタイプのうち、第一のタイプが人的なトランスナショナル教育だとすれば、第二と第三のタイプは組織的なトランスナショナル教育としてまとめることができる。

日本ではこれまで、国境を越える教育活動といえば、留学生の受け入れや日本からの海外留学など、人的なトランスナショナル高等教育が一般的であった。しかし社会のグローバル化にともない、教育プログラムや教育の提供者自体の国際移動など、組織的なトランスナショナル高等教育も次第に注目されるようになった。たとえば教育プログラムの国際移動についてみると、日本でもダブル・ディグリー・プログラム、つまり外国の大学と教育課程を相互に連携させて、双方の大学で一定期間の教育や研究指導を行い、最終的に双方の大学が学位を授与するプログラムを導入する大学が増えてきている。

国境を越える国際的な教育流動の拡大は、トランスナショナル教育の質保証や適格認定のための適切な仕組みの構築、学位や資格等の認証に関する問題など、もっぱら国内の教育改善をはかってきた従来の教育改革では対処できない多種多様な課題を提起している。しかし今後の教育改革では、それらの改革も含め、日本社会にふさわしい明確な将来構想をふまえた、豊かな財政支援の裏打ちがある実質的な教育政策の推進と、個別の学校や大学などにおける独自の理念と方針にもとづいた特色ある取組の積極的な展開が望まれる。

これまで国際比較の観点から、教育改革に関する国際機関の提案や国際的な改革動向をまとめるとともに、日本や諸外国の対応や取組の全体的な成果を二つの領域、つまり学校制度の改革と、それ以外の多様な現代的教育課題をめぐる改革の二つの領域に分けて整理し、日本の教育改革のあり方を探ってみた。それらのうち、この本の第三章以降の議論では、主に後者の現代的教育課題に注目して、より詳細な検討を加えてみたい。とくに解明を試みたのは、学校教育のあり方の見直しでは公教育における価値教育の問題（第三章）、国際的な潮流にみられる教育課題では生涯学習体系の構築（第六章）と国際学力調査のインパクト（第四章）、社会のグローバル化や国際化に対応した教育課題では教育の国際化や国際的な教育流動をめぐる教育課題（第五章）である。

第三章　公教育と価値教育

1　公教育の改革と価値教育の位置

(1) 価値教育の具体的なイメージ――大空小学校

今日の学校教育では、基礎的な教科の学習だけでなく、生徒が多文化社会にふさわしい知識や技能、考え方、態度などを学ぶ価値教育を充実することも求められている。第三章では、この価値教育について市民性教育や宗教教育などを中心に考察し、その意義や課題について考えてみたい。

ところで価値教育という言葉から、どのような学校教育の場面を具体的にイメージすればよいのだろうか。ここでは、朝日新聞の教育欄で連載されているシリーズ「いま　子どもたちは」のうち、「たった一つの約束」（三五二―三六五号、二〇一二年八月二二日―九月九日）をとりあげてみよう。舞台は大阪市立南住吉大空小学校（二〇一四年四月一日から大空小学校と改称）である。直接訪問したことはないけれども、インターネットで大空小学校のホームページにアクセスして「大空の教育」をクリックすると、二〇一六（平成二八）年度「大空の教育」をみることができる。

そこでは、ほかの学校と同様に、学校の理念や教育目標、めざす学校像、育てたい子ども像ももちろんまとめられている。しかしそれに加えて、「自分がされていやなことは、人にしない、言わない」というのが、大空小学校の「たった一つの約束」であること、そして、このたった一つの約束を守るために必要な四つの力とは、「人を大切にする力、自分の考えを持つ力、自分を表現する力、チャレンジする力」であることが強調されている。またそれを実現するために、「すべての子どもを多方面から見つめ、全教職員のチーム力で、すべての子どもの学習権を保障する学校をつくる」ことが謳われている。

こうした学校の方針は、二〇一五年三月まで校長だった木村泰子先生を中心に作成され、さまざまな教育実践が実施されてきた。二〇一五年のスクールレターによると、新任の市場達朗校長は「つなげる一〇年　つながる一〇年」を合言葉とし、いっそうの充実を目指して、大空小学校の第二ステージを推進している。この「たった一つの約束」の実践は、木村校長が自分の経験をふまえて考え出したもので、「弱い子、言葉が出ない子の『イヤ』を引き出したい。そうしなきゃ教育なんてウソだ。じゃあどうしたらいい」というのがその元になった動機だという。

この大空小学校では、「自分がされていやなことは、人にしない、言わない」という約束を破ったら、校長室に出かけていって、自己申告するのが決まりである。そのため休み時間になると、校長室の前に子どもが列を作る。子どもが自己申告するとき、木村先生がいう言葉はいつも同じで、「どうしましたか？」だそうだ。シリーズの第一回目で最初にとりあげられている子どもは二年生のタクミ君で、フジタさんとのやりとりが紹介されている。校長室での対応をみると、木村先生はタクミ君が自分自身で問題に気づくようにしながら、自分で解決策も考えて、納得するように指導している。また次のマユとミユのケースのように、子ども同士が解決の糸口をつかむ場合もある。

シリーズの第二回目から最後の一四回目まで、いろいろな事例が紹介されており、場所も全校朝会や給食、遠足、工作の時間、避難訓練、体育の時間、廊下や放課後の教室など実にさまざまだ。全教職員のチーム力が必要なため教職員も大変なようにみえるが、この大空小学校の取組は、「価値教育」の一つである「市民性教育」（後述）の内容豊かな実践例ではないかと思われる。なお大空小学校の様子はドキュメンタリー映画「みんなの学校」（監督　真鍋俊永、関西テレビ放送制作、二〇一五年）でも知ることができる。

⑵ 公教育の改革課題と価値教育

近代以降の教育の歴史をふりかえってみると、二〇世紀は「教育の世紀」だった。とりわけ第二次世界大戦後の二〇世紀後半には、日本やアメリカなどの先進諸国だけでなく、多くの発展途上諸国でも、学校教育の拡大と普及は社会や国民にとって望ましいことだと考えられ、その整備拡充がはかられてきた。近代学校は近代性（モダニティ）を象徴する典型的な社会制度として、その正統性を疑問視されることはほとんどなかった。学校教育は経済の発展や国民的アイデンティティの形成、成人にふさわしい個人的な価値観の発達、社会病理の改善などに役立つと考えられたからである（グリーン、二〇〇〇年、二四〇頁：江原、二〇〇三年、二七頁）。

ところが実際には（くりかえしになるが）、学校教育の拡大は予想された望ましい結果を必ずしももたらさなかった。それだけでなく、学校教育のさまざまな場面でひずみやあつれきが目につくようになり、近代公教育の限界が論じられたり、教育のあり方そのものが根底から問われたりするようになってきている。そのなかでもとくに問題なのは、公教育をどのように改革して、これからの多文化社会にふさわしい国民国家として国家統合をはかればよいかということである。もう少し学校教育にひきつけていえば、国民国家を構成する国民としてのゆるやかなアイデンティティを、学校教育でどのように形成するのかという問題である。なお公教育の改革とか多文化社会における教育のあり方の再検討というのは、実際には日本だけの問題ではなく、世界のどの国の教育も同じような問題を抱えている。その背景には次のような事情が考えられる。

公教育とは、国民国家や地方自治体などの公権力が管理運営し、①義務性、②無償性、③世俗性（宗教的中立性）を備えた学校で行われる組織的な教育を意味する言葉である。近代の国民国家や教育制度はもともと、人間の基本的権利や個人的な意思決定などを尊重する普遍的人権思想や政治的民主主義、近代科学の成果などといった普遍的価値を前提にして成立し、発展してきた。ところが日本を含めてどの国も近年、社会を構成する民族や文化、宗教などの多様化が予想以上に進んで多文化社会としての特徴をもつようになり、それに対応した公教育の改革が求められるようになった。

というのもどの国でも、いろいろな文化的背景をもつ人びとが一緒に生活するようになると、それぞれ見方や考え方が違うためバラバラになってまとまりにくいところがある。世界には現在二〇〇を超える国民国家があるが、どの国もこれからますます多種多様な見方や考え方をする人びとが一緒に生活する、多文化社会の特徴をもつようになるため、それにふさわしい知識や技能、態度を生徒が価値教育で学ぶことができるように、学校教育を整備する必要に迫られているのである。

また近代化にとって望ましい普遍的価値と国内に共存する複数の文化的伝統が尊重する固有の価値との間に大きなズレが生じたり、深刻な対立や葛藤がみられたりするのは、日本でもよくみられることである。よく知られているように、日本社会の近代化の過程では和魂洋才、つまり日本固有の精神をもって西洋の学問や知識を学びとることの是非や功罪がくりかえし論じられてきた。そのほかにも、たとえば特定の宗教集団がその宗教教義に反するという理由で、信者の子どもを公教育から隔離したり、教育課程の内容を批判したりするケースがいくつも報告されている。また経済のグローバル化にともなって、日本文化と異なる文化的背景をもつ外国人労働者が急増したため、彼ら自身とその子どもに対する教育機会の整備は公教育が直面する重要な解決課題の一つになった。

それに加えて、日本でも他の先進諸国と同じように、生徒の基礎学力不足や価値観の混迷が深刻な問題になっている。その背景としてさまざまな事情や要因が指摘されてきた。しかしとくに注目する必要があるのは、いわゆる「日本文化」という、同一の文化的伝統を共有する文化的共同体のなかで育ち、学校教育が極限まで普及して、誰もが学校へ平等に通えると思われがちな日本の子どもの場合も、彼らの学校教育に対する見方や動機づけ、関わり方は実際には非常に多様なことである。


たとえば小学校から大学まで、学校教育の内容は基本的に、西欧生まれの近代科学の知識や考え方にもとづいて構成されているが、それらを誰もが同じように学びたいわけではない。科目によって好き嫌いがあるのはごく普通のことである。卒業後の社会生活で必要な知識や技能、態度も多種多様で、その人の就く職業や社会での役割、生き方などによって大きく違っている。たとえ学校教育の意義は認めても、学校での生活がいつも快適な生徒はそれほど多くないはずだ。

いずれにしても、近代公教育の発想にもとづいて整備されてきた、これまでのような誰もが同じことを同じ形式で学ぶ画一的な学校教育では、そうした学ぶ側の多様性に十分に対処できなくなってきた。つまり今日の公教育は、その最も重要な役割である基礎的な教科を中心とした認知的教育の改善と並んで、若い世代の道徳的、市民的、精神的価値を育成するために、多文化社会にふさわしい知識や技能、態度を学ぶ価値教育を、どのように彼らに提供すればよいのかを鋭く問われているのである（Taylor, 2000, pp.151–152）。問題なのは、そうした価値教育を学校で行うのは、認知的教育と比べて非常にデリケートで、難しいように思われることである。

ところで国際比較の観点からもう一つ注意する必要があるのは、アジアをはじめ多くの発展途上諸国の事情は日本とは少し違っていることである。発展途上諸国も世界規模で進む社会のグローバル化や情報化に対応するために、大規模な教育改革を行い、情報技術教育の導入や教育の規制緩和などをはかっている。しかしその反作用として、これまで政治的に規制されてきた外来の文化や情報が無制限に国内に流入し、ようやく育ちつつあった国民意識や宗教的規範が危機にさらされるようになった。そのため道徳教育や宗教教育といった価値教育の見直しが行われ、それを強化したり、新たに導入したりする教育政策が実施されている。ところが問題なのは、それがまた、もともと文化的に多様なこれらの国ぐにでは、新たな緊張をもたらす結果となっているのである。

本章ではこうした国際比較の観点から、公教育における価値教育について市民性教育や宗教教育などを中心に考察し、その日本の公教育における意義や課題について考えてみることにしよう。

(3) 価値教育の構成

価値教育（バリューズ・エデュケーション）とは、行動の一般的な指針として、または意思決定をしたり信念や行為を評価したりする際の判断基準として使われる原則や基本的確信、理想、基準、生き方（ライフスタンス）などを教授したり学習したりすることを意味する言葉である。

価値教育は比較的最近使われるようになった用語だが、この価値教育としてまとめられるのは市民性教育（シティズンシップ・エデュケーション）や宗教教育（レリジャス・エデュケーション）、道徳教育（モラル・エデュケーション）、多文化教育（マルチカルチュラル・エデュケーション）、反人種差別教育（アンチレイシスト・エデュケーション）などである。そのほかに学校の校風や課外活動、学習の共同体としての学校生活、地域社会との連携などといったインフォーマルな教育の側面も含まれる。重要なポイントは、どの教育も多文化社会における価値を対象にしているので、複数の価値の共存をあらかじめ想定していることである。

ただし教育における価値はたしかに学校をとりまく社会やさまざまな制度の価値を反映しているけれども、価値一般を扱うわけでもないし、すべての価値を対象にするわけでもない。それは学校などの教育機関でとりあげられ、教授学習過程にくみこまれた価値や、学校の組織や運営、方針、人間関係などに深く刻み込まれている価値である（Taylor, 2000, pp.152-153；江原、二〇〇三年、二八―二九頁）。また価値教育の具体的な内容は国や地域によって違うけれども、一般的に欧米等の先進諸国では、市民性教育や多文化教育、あるいは自律的な価値判断を育成する教育という側面が強い。それに対してアジアなどの発展途上諸国では、道徳教育や宗教教育、あるいは国民統合の手段としての教育という色彩が強くあらわれている。

2　市民性教育の展開と課題

(1) 市民性教育とは何か

このような特徴をもつ価値教育のうち、とくに市民性教育と宗教教育に注目して、その展開過程をながめてみよう。

市民性教育とは、社会の構成員として市民が身につけるべき市民性（シティズンシップ）を育成する教育を意味する言葉である。この言葉をもう少し具体的にイメージするために、補足的な説明をしておきたい（嶺井、二〇〇七年、四－八頁：奥村、二〇〇九年、一七－一八頁：志水、二〇〇九年、一七－一八頁）。

第一に、従来の国民国家の考え方を前提にすれば、ある国で市民である者はその国の国民であることが当然であり、市民性を育成する教育は国民を形成するための教育、つまり国民教育であった。しかし今日では、国境を越えた人口移動の著しい増加により、一民族一国家という国民国家のモデルは転換期を迎え、それにともなって、国家の代わりに社会という用語が、また国民の代わりに市民という用語が使われるようになった。

この場合、社会には国民国家のほかに、国内では行政上の市とか郡といった地方自治体や日常生活が行われる地域社会（コミュニティ）など、それから国外では国境を越えた欧州連合（ＥＵ）や東南アジア諸国連合（ＡＳＥＡＮ）のような国家連合や、キリスト教文化圏とかイスラーム文化圏といった文化圏、グローバルな地球社会なども含まれる。そしてそれらの社会を構成する多様な人びとを総称する用語として、市民が使われるようになった。

第二に、社会にとって望ましい知識や技能、態度として市民が身につけることを求められる市民性の内容も大きく変容した。従来の国民を形成する教育で重視された①国家に関する知識や②愛国心だけでなく、③社会活動に能動的に参加するための知識や技能、さらに④多様な文化が共存する多文化社会にふさわしい考え方や価値観、生き方などを含めて、市民性の内容を幅広く構想するようになってきているのである。

⑵ 世界の市民性教育――概要

こうした市民性教育への関心が世界的に高まったのは一九九〇年代以降のことである。各国の政府や民間団体、国際機関などによって、市民性教育のあり方やその学校教育への導入、効果的な教育課程やプログラムの構築などについてさまざまな提言や提案が行われた（嶺井、二〇〇七年、四頁、八―九頁；武藤・新井、二〇〇七年、一〇―一二頁、二六八―二七一頁）。その背景には、社会のグローバル化にともなう多文化社会化の進展や、国際テロ・麻薬密売などの国際的問題の多発化、青少年の薬物使用や性犯罪問題の増加などがあり、若い世代の精神的、道徳的発達を目指す教育の必要性が社会的に大きな注目を集めるようになった。

先駆的に教育実践を積み重ねてきているイギリスを例にすると、市民性教育はそれまでも学校教育のなかでけっして軽視されてきたわけではなかった。しかし市民性教育が学校教育の公的な教育課程にくみこまれたのは、サッチャー首相の保守党政権のもとで一九八九年に導入されたナショナル・カリキュラム（全国共通教育課程）からである。一九九七年の政権交代で発足したブレア首相の労働党政権のもとでも市民性教育は重視され、シティズンシップ諮問委員会（通称「クリック委員会」）の答申「学校におけるシティズンシップのための教育と民主主義の教授」にもとづいて、能動的な市民を育成する市民性教育が推進された。

二〇〇二年九月から、新しい科目「市民性（シティズンシップ）」が中等教育の法令教科になり、一一歳から一六歳までの生徒は必修科目として学ぶことを義務づけられた。この科目は①社会的道徳的責任、②地域社会（コミュニティ）への参加、③政治的リテラシーの習熟の三つの要素から成り立っている。このうち①社会的道徳的責任は日本の「道徳」で学習する内容に近いものであり、②地域社会への参加はボランティア活動や社会活動への参加を促進しようとするものである。三つ目の③政治的リテラシーの習熟は権利と義務、法令やルール、さまざまな行政的・社会的制度などの意義や役割について実践的に習熟することを目指すものである。

イギリスの市民性教育では、この「市民性」における学習に加えて、教科を超えた教科横断型の学習、それから学校のエトス（精神）や学校組織、学校のルール、日常の学校生活全体などから学ぶために全校的なアプローチが重視されている。能動的な市民を育成するために、受身的な学習経験ではなく、活動的学習（アクティブ・ラーニング）が強調されているのも、イギリスの市民性教育の大きな特徴である。

なお二〇一〇年の政権交代にともない、前政権の教育政策の見直しが推進されたが、市民性教育の方針はキャメロン首相の保守党と自由民主党との連立政権や保守党単独政権のもとでも基本的にひきつがれているといってよいだろう。たとえば二〇一四年から導入された新しいナショナル・カリキュラムでも、「市民性」は一二の必修教科のなかに位置づけられている（篠原、二〇一四年、五九－六一頁）。

アメリカやカナダ、オーストラリア、フランスなどといった、民族や文化、宗教などの多様化が進んで多文化社会化した国ぐにでも、そうした多様性をふまえた国家統合をはかるために必要な市民性を構想したり、多文化社会にふさわしい知識や技能、態度を身につけた市民を育成する教育を模索したりすることが盛んになった。たとえばアメリカでは、多文化的な国民国家にとって不可欠な「多様性と統一のバランス」をはかるために、さまざまな市民性教育が行われている。

バンクスらが構想する市民性教育は、次のような四つの基本原則によって編成されている（バンクス他、二〇〇六年、一四―一五頁）。それらは①生徒は地域社会、国内、世界における多様性と統一の間の複雑な関係について学ぶ、②生徒は自分たちの地域社会や国の人びとが世界の人びととの相互依存関係をますます強めていること、また人びとが地球全体で起こっている経済的、政治的、文化的、環境的、技術的な変化とつながっていることを学ぶ、③市民性教育のコースやプログラムを人権教育で補強する、④生徒は民主主義と民主的制度についての知識を学び、民主主義を実践する機会を与えられる、の四つである。また市民性教育にとって重要なキーワードとして、民主主義や多様性、グローバル化、アイデンティティ、多元的な視点、愛国主義と世界主義などが強調されている。

連邦政府の教育政策に注目すると、一九九四年に成立したクリントン大統領の民主党政権の教育改革法である「二〇〇〇年の目標：アメリカ教育法」では、教育改革の目標として、責任ある市民の育成や市民としての権利と責任を行使するのに必要な知識と技能の修得が掲げられた。またそれに続くG・W・ブッシュ大統領の共和党政権で成立した「どの子も置き去りにしない（NCLB）法」（二〇〇二年）では、責任ある市民の育成には、優れた道徳性と市民的徳の基礎の上に学力をつける必要があることが謳われた。さらに学校の現場では、「公民科」での学習だけでなく、教科横断的な授業や教科外の学校活動、地域活動を通して責任ある市民を育成し、その結果として学力向上をはかる市民性教育の開発が試みられている（嶺井、二〇〇七年、一二四―一二七頁、一三二頁）。

教育に高い優先順位を与えて二〇〇九年に就任したオバマ大統領の民主党政権も、教育政策の基本路線は前政権の方針を踏襲した。民族や文化、宗教などの多様性をふまえた国家統合をはかるために必要な市民性の内実を構想したり、社会の構成員を結びつける共通のスタンダードを設定したりする際にも、一方でアメリカ社会の伝統的な価値や知識、技能を正統化しながら、ラジカルではなく漸次的に教育政策を進めていくことを意図しているように思われる（松尾、二〇一〇年、八―九頁：米川・深堀、二〇一五年、二六―二七頁）。

こうした各国の動向に加えて、市民性教育に対する国際連合教育科学文化機関（UNESCO：ユネスコ）や欧州連合、東南アジア諸国連合などの国境を越えたトランスナショナルな影響も顕著にみられる。たとえばユネスコは、市民性という言葉を特定の国民国家の文脈のみでとらえるのではなく、人権という普遍的な価値や国境を越えた国際的な文脈のなかに位置づけ、市民性教育をそれぞれの国民国家におけるローカルで特殊な領域から普遍的で国際的な領域までをも含む、重層的な領域を扱う教育として構想している（嶺井、二〇〇七年、二〇二―二〇五頁）。また欧州連合が意図しているのは、すべてのヨーロッパの若者がヨーロッパの政治制度や民主主義に関する理解を深めたり、自らを単に自分自身の地域や国の市民としてだけでなく、ヨーロッパ市民や世界市民として自覚的に位置づけたりすることができるようになる市民性教育を促進することである（ロラン－レヴィ・ロス、二〇〇六年、四〇－四三頁）。

さらに東南アジア諸国連合の加盟各国では、それぞれ固有の市民性教育が構想され、多様な教育が独自に展開されているが、他方で①加盟諸国に関する知識の習得や②東南アジア諸国連合の市民としての共通意識（アセアンネス）の育成を目指す加盟国共通の教育の構築も進められている（平田、二〇一三年、一〇四－一〇八頁）。

(3) 日本の市民性教育のゆくえ

このような市民性教育への関心は近年、日本でも次第に高まりつつある。二〇〇六年には経済産業省から、日本でも市民性教育を導入して自立・自律した市民を育成する必要があることを提言した報告書『シティズンシップ教育宣言』が公表された。品川区の小・中学校で実施されている「市民科」は道徳、特別活動、総合学習をベースにした市民性教育の試みである。またお茶の水女子大学附属小学校では、社会科をベースにした教科「市民」に小学校三年から六年までの間、授業時間の約一〇％があてられている。さらに埼玉県桶川市立加納中学校は地元の市民社会組織と協働して市民性教育の授業を展開しているが、これらはいずれも日本における市民性教育の先駆的な教育実践といってよいだろう（奥村、二〇〇九年、三二頁：杉本他、二〇〇八年、二〇二－二〇三頁）。

このうち品川区の市民科については、「品川区小中一貫教育要領」にもとづいた九年一貫教育の効果の一つとして、①市民科の理念や学習の進め方などがいっそう定着し、八割以上の教員が市民科の必要性・有効性について認識していること、②児童生徒の集団行動をはじめ、基本的生活習慣のなかでも規則の遵守や礼儀作法、公共・公徳にかかわる態度や意識については、全国平均を上回る顕著な効果があらわれていることなどが指摘されている（品川区教育委員会、二〇〇八年、六頁）。

その後も市民性研究の裾野は広がり、市民性や市民性教育に関するさまざまな研究や教育実践が行われてきた（たとえば中村、二〇一二年；橋本、二〇一三年などを参照）。二〇一三年には、市民性教育のさらなる発展を目指して「日本シティズンシップ教育フォーラム」も設立された。しかし日本における市民性教育の研究や教育実践は始まったばかりである。その現状をみると、市民という言葉や市民性の具体的な内容の理解が多様すぎて日本社会にふさわしい姿を描けないこと、さまざまな取組の間に有機的な連携や統一がみられないこと、学校における市民性教育の展開を支える学外の地域社会や市民組織などが整備されていないことなど、解決すべき課題も少なくない（杉本他、二〇〇八年、二一一－二一三頁）。

比較教育学の観点からみれば、世界の市民性教育は共通の要素や課題を数多く含んでいると同時に、他方で国や社会、地域のスタンスや事情、歴史と伝統、社会的・文化的背景などによって異なるので、日本社会にふさわしいバランスのとれた市民性教育を実現するためには、その基本的な将来構想（グランドデザイン）や市民性の資質などを明確に設定して、具体的な教育実践をさまざまな場面で試行する必要がある（平田、二〇一三年、一一二―一一三頁）。それは現代日本の教育改革にとって重要な教育課題の一つであり、今後も正面から真剣にとりくまれることが強く望まれる。

3　宗教教育の位置と展開

(1) 宗教教育の意味

二つ目に注目する価値教育は宗教教育である。宗教教育を大まかに分類すると、宗派教育と宗教知識教育の二つに分けられる。①宗派教育は特定の宗教の立場から、その宗教の教義や儀礼を通じて信仰へ導いたり、信仰を強化したりするための教育であり、日本では一部の私立学校で行われている。それに対して②宗教知識教育は宗教に関する客観的な知識を理解させる教育である。日本を含めてほとんどの国では、歴史や社会、道徳、あるいは美術や音楽などといった、社会や人間を対象とした教科で宗教がとりあげられている。

ところで公教育における宗教教育の位置や展開過程など、価値教育としての宗教教育を幅広い視点から検討するためには、この二つの分類では必ずしも十分ではない。その打開のために宗派教育と宗教知識教育の中間に位置づく用語として「宗教文化教育」という言葉を使う論者もいる。これは文化としての宗教について理解を深める教育であり、日本や世界の主な宗教の現状や宗教的伝統、習俗、宗教に対する人びとの態度などの比較を通して、文化としての宗教の理解を深めることを目指している。同様の意義をもつ言葉として、近年の英語文献では「宗教学習（スタディ・オブ・レリジョン）」という用語が、多文化社会にふさわしい宗教教育、つまり開放的でいろいろな解釈や理解が可能な世界観や人生哲学の探究を含んだ教育的な宗教教育を意味し、今後の宗教教育のあり方や方向を示す言葉としてよく使われている。この宗教学習は宗教学の研究成果を宗教教育で活用しようとする試みであり、宗教文化教育と同様に、宗派教育と宗教知識教育の中間に位置づけられるので、この本では重要なキーワードとして注目することにしたい。

実際に宗教自体は必ずしも道徳心を強めるわけではないようだ。アメリカやトルコ、中国など六か国の五〜一二歳の子どもを対象にした調査によれば、非宗教的な家庭で育った子どもの方が宗教的な家庭で育った子どもよりも、寛容さや利他主義を身につけており、他人に対して優しいらしい。その理由は、宗教の戒律や規範ではなく、理性と論理的思考で道徳的な判断をするように教えているからではないかという。今日では宗教が倫理観の形成に果たす役割は縮小している。その代わりに現代の人びとは哲学や歴史、政治など非宗教的要素に道徳的指針を求めるようになってきているのかもしれない（グロス、二〇一五年、六〇―六一頁）。

宗教教育には国によっていろいろな方針や方策があり、どれがよいというものではないだろう。そのなかで日本の場合には、どの学校でも宗教に関する客観的な知識を理解させる宗教知識教育は行われているので、この宗教知識教育を工夫して、改善することができるのではないか。そうした観点からみると、日本の学校教育では、生徒が狭い意味の宗教だけでなく、いろいろな世界観や人生哲学も学んで、自分自身でその人生の意義や生き方、価値観を探求し、どのような場面でも自律的な意思決定ができるようになることを支援する宗教学習を充実する方向を目指すことが望ましいように思われる。

⑵ 学校教育のなかの宗教――国際比較

それでは、学校の教育現場では宗教はどのように教えられているのか。公教育における宗教教育の位置を一四の国ぐにと日本を四つのグループに分類してまとめてみよう（表3―1）。分類の区分軸は、①公教育に宗教教育を独立した科目として導入しているかどうかと、②その国の社会経済的発展段階である。なお科目名としては（トルコのように）、道徳教育など別の名称を使っていても、実質的に宗教教育の色彩が非常に強い場合は、宗教教育を導入している国として分類している（詳細については江原、二〇〇三年：世界の宗教教科書プロジェクト、二〇〇八年を参照）。

これをみると、それぞれの国の事情に応じて、宗教教育の扱いは実に多様なことが分かる。たとえばインドネシアとマレーシアはともに、イスラーム教徒が多数派を占め、宗教教育を独立した科目として導入している発展途上国である。しかしその宗教教育の扱いには、次のように大きな違いがみられる。

インドネシアはイスラームを公式宗教とする「イスラーム国家」ではないが、全人口の約八八％を占めるイスラーム教徒が圧倒的に優位な国である。学校制度も国家教育省が管轄する一般学校（スコラ）と、宗教省が管轄するイスラーム学校（マドラサ）の二元的制度で、全生徒の一一％はマドラサで学んでいる。このマドラサでは当然、イスラームにもとづく宗派教育が行われ、スコラでも宗教教育は必修科目である。

ただしスコラの宗教教育では六つの宗教（イスラーム、プロテスタント、カトリック、ヒンドゥー教、仏教、儒教）が公認されており、生徒はそれぞれ信仰する宗教に別れて学んでいる。イスラーム教徒が圧倒的に多いインドネシアの価値教育では（非常に乱暴なまとめ方だが）、少数派の生徒をそれぞれの宗教のよき信者に育てるだけの余裕があるといってもよいだろう。

ところがマレーシアは、イスラーム教徒の占める割合が全人口の六割という微妙な人口構成であるため、宗教教育と道徳教育を併置して価値教育を行っている。保護者がイスラーム教徒のマレー系の生徒にとって、イスラームにもとづく宗派教育は必修だが、華人系（中国系）やインド系の生徒は同じ時間に道徳教育の授業を受ける。このようにどちらの国もイスラーム文化を背景に、多文化社会における近代国民国家の建設を進めているけれども、その宗教教育の扱いは大きく違うのである。

表3−1　公教育における宗教教育の位置

Ⅰ　宗教教育を科目として導入している発展途上諸国	
インドネシア	宗教教育は必修科目（6 宗教の公認）；一般学校とイスラーム系学校の併設
マレーシア	宗教教育（イスラーム教徒の生徒は必修）と道徳教育を同時限に併置
タイ	宗教教育（主に仏教教育とイスラーム教育）と道徳教育の併置；近年は理想のタイ人像を強調
トルコ	宗教教育は必修科目；公立普通校のほか、宗教指導者養成の公立「高校」を存続
レバノン	宗派主義（多数派不在のため、宗派毎の学校運営と宗教教育の自由を公認）
Ⅱ　宗教教育を科目として導入していない発展途上諸国	
フィリピン	正科外で選択制の宗教教育
中　国	非公認の宗教教育；教科内の宗教知識教育と徳育の授業を実施
インド	政教分離；宗教的要素を含む言語、社会科系科目での宗教知識教育を公認
Ⅲ　宗教教育を科目として導入している先進諸国	
イギリス	宗教教育は必修科目；近年はキリスト教的宗教教育から多文化的宗教学習へ移行
オランダ	教育の自由（あらゆる主義信条の尊重、平等な公私立校の処遇）
ドイツ	宗教教育は必修科目；多くの州では特定の宗教や宗派に分かれた授業で学習
韓国	公立校（高校）でも宗教科を正規の選択科目として公認
Ⅳ　宗教教育を科目として導入していない先進諸国	
フランス	公教育の非宗教性；近年は宗教知識教育のほか、地域社会での宗教学習を公認
アメリカ	政教分離；私立校の宗派教育、公立校の宗教知識教育や宗教学習を公認
日　本	政教分離；私立校の宗派教育、公立校の宗教知識教育を公認；道徳教育（「道徳の時間」、教育活動全体、潜在的カリキュラム）を実施

ちなみにマレーシアの宗教・道徳科目の教科書は、小学校の授業用語にあわせて三種類あり、いずれも政府系出版社から出版されている。マレー系小学校用はマレー語による「イスラーム宗教知識」、華語小学校用は華語による「道徳教育」、インド系のタミル語小学校用はタミル語による「道徳教育」である。なお「イスラーム宗教知識」の小学校三年までの教科書は、アラビア文字表記のマレー語（ジャウィ）で執筆されている。また中学校以上の公立学校の教科書はすべてマレー語だが、複数の出版社から出版されているので、そのなかから選択することができる。宗教・道徳科目には小学校と同様、「イスラーム宗教知識」と「道徳教育」の二つがあり、生徒はどちらかを選択し、同じ時間に別室で授業を受けることになる。

(3) 政教分離と宗教教育――フランスとアメリカ

日本はフランスやアメリカとともに、第四グループの「宗教教育を科目として導入していない先進諸国」に含まれる。フランスは（これも乱暴なまとめ方だが）、近代国民国家の建設に必要な市民を育成するために、教会から学校をとりあげて、新たに近代学校を構築した国である。それゆえ公教育では宗教的な色彩を極力排除し、もっぱら宗教知識教育のみを行ってきた。

もう少し具体的にいえば、フランスは近代の国民国家や教育制度を作り上げるのに指導的な役割を果たしてきた、西欧の主要国の一つである。そのフランスでは、近代の国民国家ができるまで、学校教育はキリスト教、とくにカトリックの教会が中心になって行われていたため、宗教教育もキリスト教のための宗派教育が中心であった。

それゆえフランスは近代国民国家の建設に必要な市民を育成するために、それまで影響力のあった教会から学校をとりあげて、新しく近代学校を構築した国だといってよいだろう。そのためフランスの公教育では、宗教的な色彩をできる限り排除して、もっぱら宗教知識教育のみを行ってきた。別の言い方をすれば、フランスでは、近代の学校教育そのものが、近代国民国家にふさわしい市民を育成する際に、教会の影響をできるだけ受けないようにするために工夫された装置だったのである。

ところがフランスは一九六〇年代以降、イスラーム教徒をはじめ非キリスト教徒の移民や外国人労働者を大量に受け入れて、フランス社会は民族や文化、宗教などの面で著しく多様化した。そのためフランスの学校教育では現在でも、公教育の非宗教性をあくまでも崩さずに、宗教知識教育のみを実施している。しかし学校外の地域社会では住民の協力をえて、移民や外国人労働者の子どもを対象に、特定の宗教の原理や習慣、多文化共生のための知識や技能、態度を教育する方向に進んでいる。というのもフランスでは、民族的にみると少数派の人びとは多くの場合、同じ地域にまとまって住む傾向があり、その協力をえやすいからである。

次にアメリカの宗教教育に注目してみよう。アメリカは人類史上最初に政教分離の原則を憲法で決めた国として知られている。政教分離の原則とは、国家と宗教が相互に干渉しないことを原則とし、国家は宗教に対して中立的な立場をとろうとする考え方である。アメリカではこの原則は今日まで根強く生き続けており、宗教教育は厳しく制限されてきた。ただし二つの例外がある。一つは私立学校では宗教知識教育だけでなく、特定の宗教にもとづいた宗派教育が認められていることであり、もう一つは宗教知識教育や宗教学習は公立学校でも認められていることである。

ところがそのアメリカでも近年、宗教教育のあり方を問い直し、その改善をはかることに幅広い社会的な関心が寄せられるようになった。犯罪や非行の増加、薬物の不正使用の拡大、社会的指導者層の倫理問題など、さまざまな社会事情もその背景にはある。しかし多文化社会としてのアメリカにとって、複数の文化の共存を前提にした文化的共同体の再構築は、いつの時代にも国家の統合と発展のために不可欠であり、とくに将来は非常に重要な課題になると考えられている。

というのも、アメリカの民族構成の予測をみると、二〇一〇年の比率では白人は七割弱でまだ多数派だが、二〇五〇年の比率の予測では多文化化がいっそう進んで、スペイン語系のヒスパニックが二五％に増え、白人の比率は五三％と半数を少し超える程度にまで下がると予想されている。そのためアメリカでは近い将来、いろいろな見方や考え方をする人びとが一緒に生活する多文化社会として、どのように国家を統合すればよいのかが重要な課題になる。民主主義の考え方では、多数決でものごとを決めるのが原則なので、五〇％という比率は決定的に重要な意味をもつからだ。それゆえアメリカでは、そうした事態をふまえて、さまざまな準備がすでに進められており、学校教育でも基礎的な教科の教育の改善と並んで、どのような価値教育を提供すればよいのかが、ますます問われるようになってきていると思われる。

連邦政府の政策動向をみると、歴代の民主党政権は共和党政権と比べて、政教分離の原則を堅持する姿勢が強く、公教育における宗教教育も厳しく制限する傾向があった。たとえばレーガン大統領の共和党政権が八〇年代に、学校礼拝や政府の宗教学校への財政援助を禁じた連邦最高裁判所の判決を破棄したり、制限したりしたのはよく知られている（Redlich, 1985, p.279）。しかし民主党のクリントン大統領は多文化主義の台頭に対応して、宗教的多文化主義を支持する立場から、国家統合のために宗教を重視する発言をくりかえした。

たとえばクリントンは「公立学校における宗教表現についてのメモランダム」（一九九五年）のなかで、次のように表明している。つまり学校は宗教に関して中立であるべきだが、市民的価値や共同体として私たちを一つにするための美徳や道徳的基準を教えるために、それと関連した宗教について教えることは合法である。したがって公立学校における宗教表現として、学校で宗教知識教育を実施することや、生徒が個人やグループで祈ったり宗教について議論したり、あるいは他の課外活動と同じように、宗教活動のために学校の施設を使うことは認められるべきである。

また「連邦政府機関における信教の自由について」の声明（一九九七年）では、礼拝施設の例示でキリスト教の教会、ユダヤ教のシナゴーグとともに、イスラームのモスクも明記して、連邦政府機関における「宗教」の範囲を広げている。その最後の部分で、アメリカが多人種的、多民族的、多宗教的な民主主義を携えて、新しい世紀とミレニアムに移行することを希望し、宗教的多文化主義を支持しているのも、この声明の大きな特徴である（森、一九九七年、三六―三七頁；森、一九九九年、一五九―一六二頁）。

このようにクリントンが民主党の大統領とは思えないほど宗教に理解を示したのは、その当時、宗教右派が進めていた政教分離に関する憲法修正の動きを抑制する狙いがあったという見方もある（上坂、一九九七年、一八九―一九〇頁）。しかしたとえその背後にそうした別の政治的配慮があるにしても、クリントン大統領の民主党政権がいっそう中道化して共和主義的な発想をとりいれ、市民的価値や道徳の必要性を強調したり、公教育の宗教的寛容性を促す方針を打ち出したりしたのは、アメリカの宗教教育政策にとって画期的な意味をもつといってよいだろう。

アメリカの多くの人びと、とくに主流派の人びとは、宗教はアメリカ社会の統合にとって重要であり、そのための教育は公立学校で行われるべきだと考えている。しかしその中核にあるのはあくまでもユダヤ・キリスト教的伝統であるようだ。多文化社会にふさわしい国民的アイデンティティを形成して国家統合をはかるためには、一方で複数の宗教がそれぞれその独自性を保持して共存することを評価しながら、アメリカに居住する人びとが共有できる宗教観や宗教的価値を、あくまでもユダヤ・キリスト教的伝統を中核にして再構築し、公教育を通じて次の世代に伝えていくことを、多くの人びとは求めている。アメリカ社会はそうした国民国家の再構築に向けて、ゆるやかに歩みはじめているように思われる（江原、二〇〇三年、四一、四三頁）。

(4) 日本の宗教教育――第二次世界大戦後

日本は第二次世界大戦後、政教分離の原則に沿って再建された。しかしフランスやアメリカと違って、宗教に関連した問題が公教育のあり方や教育改革の論議で正面から論じられることはあまりなかった。近代公教育は義務性と無償性に加えて、世俗性（宗教的中立性）を基本原理にしていることを考えると、それは当然なのかもしれない。学校教育における宗教や価値の問題は政治問題化しやすいため、教育の文脈で議論しにくいこともその背景にはあるだろう。

ところで日本の学校教育の現場では、宗教はどのように教えられているのか。日本を含めた世界の教科書のなかで、宗教がどのように扱われているのかを、比較宗教学や比較教育学の観点からまとめた藤原によれば、政教分離の国であるはずの日本の学校で使われている教科書には、「宗教」に関する記述について、大きく分けると、二つの問題があるという。なおとりあげた教科書は、教科書制作者に宗教を教えているという自覚が明確な中学校・高等学校の社会科科目全般、とくに高等学校公民科の倫理の教科書である（藤原、二〇一一年、vi―vii頁）。

問題の一つは、日本の教科書が意図的ではなく結果的に（自覚がないままに）、特定の宗教的信仰を生徒に受け入れさせようとしていることである。たとえば政教分離の原則に従えば、宗教に関する記述は中立的、客観的であることが望ましいはずだが、複数の出版社の教科書には、仏の教えに従って生きるのは素晴しいことだとか、イエスの教えを学んで、民族を超えて普遍的な人類愛を目指すべきだなどといった、宗教知識教育というよりも、まるで特定の宗教のための宗派教育のような文章が結構みられるという（藤原、二〇一一年、八－一一頁）。

もう一つは、日本の教科書が、ある宗教を他の宗教よりも優れているとしたり、逆に、ある宗教に対して偏見を示したりしている問題である。具体的にみると、日本の教科書にはキリスト教と仏教を対比して、共通点よりも相違点をわざわざ際だたせて、正反対のものとして示したり、さまざまな宗教を序列化して、ユダヤ教とヒンドゥー教は、それぞれキリスト教と仏教の単なる準備段階の宗教だと位置づけたりしているところがあるという（藤原、二〇一一年、六五－六六頁）。

日本の公教育における宗教教育には、こうした教科書の問題だけでなく、宗教を教える教員の養成の問題をはじめ、指導書や資料集の系統的な整備、授業実践を共有する仕組みの構築など、改善や改革には膨大なエネルギーを必要とするさまざまな深刻な問題や課題がある。二〇〇六年に全部を改正された教育基本法では、宗教教育は第一五条にまとめられ、宗教に関する寛容の態度と宗教の社会生活における地位に加えて、「宗教に関する一般的な教養」が、教育上尊重されなければならないと新たに規定されたが、それを学校教育の現場でどのように具体化すればよいのかがあらためて問われている。

国際比較の観点からみれば、どの国の公教育でも、複数の価値が共存する多文化社会にふさわしい価値教育の構築が要請され、学校教育における宗教の扱いが論議の的になっている。しかも世界の宗教教育も市民性教育と同様に、共通の要素や課題を数多く含んでいるけれども、他方で国や社会、地域のスタンスや事情、歴史と伝統、社会的・文化的背景などによって大きく異なるのも事実である。そのため日本社会にふさわしいバランスのとれた宗教教育を実現するためには、その基本的な将来構想や生徒が宗教の学習によって身につけてほしい資質などを明確に設定して、具体的な教育実践を試行する必要がある。各国の状況をふまえて、日本では価値教育、とくに市民性教育や宗教教育について、どのように考えたらよいのか、いくつかコメントを加えてみたい（江原、二〇〇七年a、一四八―一五〇頁）。

4　価値教育のゆくえ

(1) 多文化社会の価値教育

第一に、どの国でも公教育を改革して、国語や数学、理科、社会、英語などの基礎的な教科を中心とした認知的教育の改善と並んで、複数の価値の共存を前提にした価値教育を充実させようとしている。もともと多民族で構成されているところが多い発展途上諸国の価値教育は、国民的アイデンティティを形成する国民統合の手段としての教育という色彩が強い。

それに対して先進諸国の価値教育は、自律的な価値判断を育成する教育という側面を強調する傾向がある。しかし多文化社会にふさわしい国民的アイデンティティを若い世代に身につけてもらいたいということでは、どの先進諸国も変わりがない。それは一人ひとりの子どもが自律的な価値判断をできるように育成して、ゆるやかな国民的アイデンティティを形成しようとするもので、日本も同じ方向を目指す時期にきているように思われる。日本でもこれからの若い世代に多文化社会にふさわしい知識や技能、態度を身につけてもらいたいということである。

(2) 共通価値の具体的内容

第二に、こうした価値教育をどのようにイメージすればよいのか。価値教育における価値の具体的な内容の問題である。多文化社会において複数の文化を結びつけるために不可欠な共通の文化に注目すると、なによりもまず民主主義のあり方を十分に身につけてもらうのが大切だと思われる。たとえば生命の保護や自由な言論、宗教の自由な実践といった人間の基本的権利の承認や、社会活動や私的生活、職業選択における個人的な意思決定の尊重は、すべての人びとが行動の一般的な指針や意思決定や評価の判断基準として身につけるべき価値である。それから政治や社会のあり方では（平凡かもしれないが）、議会制民主主義の是認や機会均等の重視などは、誰もが共通に学ぶべき価値であろう。

それから民主主義を社会に十分に定着させるためには、さまざまな工夫が必要なことも理解できなければならない。というのも、自分と生き方や考え方などが異なる人びととの対話を通して、彼らの価値観を受け入れる必要があるし、そうした相手を理解するためには、自分にとってなじみのない知識や考え方を身につける必要もあるからだ。

しかし最も重要なのは、多文化社会にふさわしい知識や技能、態度を、その国に住む人びとが共有することである。それはたとえば国内の文化的多様性、とくに主流派よりも少数派の文化遺産のプラス面を積極的に評価する多文化主義の考え方を承認することであり、その立場から文化的共同体の構築を目指す考え方を是認することである。社会が多様であることに肯定的な人びとが増えれば（楽観的な見方かもしれないが）、多様性もいっそう尊重されるようになり、多様な人びとと接するなかで自分自身を豊かにしていく契機も、さまざまな場面で見出すことができるはずである。

さらに言語教育やそのほかの基礎的な教科の教育は学校の主要な役割だが、そうした認知的教育の改善は個人の成長だけでなく、多文化社会の発展にとっても不可欠だという認識も、この共通の価値のなかには含まれる。日本という近代社会で無理なく、スムーズに社会生活を送るには、日本の生徒だけでなく、日本社会で生活する人は誰でも、日本語をはじめ、それなりの基礎的な学力を身につけておく必要があるように思われる。

(3) 価値教育の方向

第三に、こうした民主主義と多文化主義にもとづいた多文化社会における価値教育では、この第三章で注目した市民性教育と宗教教育は非常に重要な位置を占めている。市民性教育についていえば、今公教育で求められている市民性教育は、生徒が国家に関する知識や愛国心だけでなく、社会活動に能動的に参加するための知識や技能、さらに多様な文化が共存する多文化社会にふさわしい考え方や態度、価値観、生き方などを幅広く学ぶことができる教育である。

また宗教教育は開放的な宗教学習、つまり開放的でいろいろな解釈や理解が可能な世界観や人生哲学の探究を含んだ教育的な宗教教育を目指すことが望まれる。それは多種多様な価値が併存して衝突をくりかえしている多文化社会において、これまで人類が長い時間をかけて作り上げてきたさまざまな宗教的伝統や考え方、価値観などを学ぶことにより、生徒が自分自身でその人生の意義や生き方、価値観を主体的に探求し、どのような場面でも自律的な意思決定ができるようになることを支援する教育である。

(4) 価値教育の方法と実践

第四に、日本社会にふさわしいバランスのとれた価値教育を実現するためには、その基本的な将来構想や、生徒が市民性教育や宗教教育などの価値教育での学習によって身につけてほしい資質をできるだけ明確に設定して、具体的な価値教育の方法と実践を開発したり試行したりする必要がある。それは世界の価値教育と共通の要素や課題を考慮すると同時に、日本社会や地域社会のスタンスや事情、歴史と伝統、社会的・文化的背景などをふまえたものでなければならない。またそれらを現代の民主主義社会を支える価値や近代科学の成果などと調和させる「共通シラバス」を整備する必要もあるため、けっして容易な作業ではないだろう。

それに加えて、学習する生徒はもとより、彼らの学習を支援する教職員も実際にはきわめて多様なので、価値教育の実践では、生徒も教職員も自分自身の信念や考え方を自由に表明し、議論を通して理性的で合理的に、しかも論理的に価値をめぐる問題を考えたり試したりすることができる場を確保する必要がある。さらに価値教育で扱うトピックやテーマとしては、全国共通のものも大切だが、それよりも学校や地域社会といった生徒の身近な共同体の要請や関心に応じたものをより重視すべきだろう。この第三章の冒頭で紹介した大空小学校の「たった一つの約束」にもみられるように、学習内容に生徒自身や生徒の家族、地域社会の実状を反映させれば、生徒は学習内容を単なる知識や技能としてではなく、自分に直接関係のある身近な問題として学ぶことができるからだ。

このほかにも考慮すべきことはたくさんある。たとえば価値教育は学校教育の教育課程のなかで必修にすべきなのか、それとも選択にすべきなのか。また文部科学省は日本の主要な価値教育の一つである小・中学校の道徳を教科化する方針だが、教育課程のなかでどこまで認知的教育と同じように価値教育を扱うことができるのか。たとえば一人ひとりの生徒の心の内面に立ち入り、価値教育の学習の成果を評価し、その結果を生徒指導要録に保存することにどのような意義があるのか。さらに価値教育の方法と実践は初等教育と中等教育ではどのように違うのか、あるいは同じ中等教育でも義務教育段階と義務教育後の段階ではどのように違うのか。それから市民性教育や宗教教育などの価値教育を担当する教員をどのように養成して配置するのかなど、価値教育の改革にとって重要な解決すべき問題は少なくない。

第四章　国際学力調査のインパクト

1　注目される国際学力調査

(1)「池上彰の新聞ななめ読み」から

今日の学校教育の改革では、基礎的な教科を中心とした認知的教育の改善と、多文化社会にふさわしい知識や技能、態度を学ぶ価値教育の充実が求められている。このうち第四章では、今後も最も重要な改革課題だと考えられる、生徒に国語や数学をはじめ、理科や社会、英語などといった基礎的な教科を学んで、基礎学力を習得してもらう認知的教育の改善に焦点を絞ってみたい。とくに注目するのは、生徒の学力向上を目指す教育政策の近年の動向と今後の課題である。

一九八〇年代以降、日本だけでなくどの国でも大規模な教育改革が進められている。この教育改革の大きな特徴の一つは、教育の改善と充実が国民国家や国民の将来の経済的繁栄にとってこれまで以上に重要だとみなす、国際的な合意が生まれたことである。そのため各国の教育政策では、生徒の学力向上が主要な政策課題としてとりあげられ、その過程で国際学力調査が世界的な関心を集めるようになった。というのも社会のグローバル化にともない、人材や労働力の国境を越えた移動が急増したため、自国の教育水準を国際的な文脈のなかで客観的に位置づけ、その改善や充実の必要性や改革の方向性をみきわめる要請が高まってきているからだ。

日本でも二〇世紀末にはじまった「学力低下論争」との関連で、国際教育到達度評価学会（IEA）による「国際数学・理科教育動向調査（TIMSS）」や、経済協力開発機構（OECD）による「生徒の学習到達度調査（PISA）」などの国際学力調査は幅広い社会的な関心を集めた。実際には（後でも触れるように）、国際学力調査の結果が示していたのは、日本の教育水準が総合的にみると他の国ぐにに比べて優れており、けっして危機的な「学力崩壊」状況にはないことであった。ところがそれらの調査結果は日本の子どもや若者の学力低下を裏づける根拠として利用され、日本の教育課程行政に路線転換をもたらす契機にもなるなど、学校教育のあり方に大きなインパクトを与えることになった。

その一端を知るために、「学習到達度調査（PISA）発表うのみにしないで」というタイトルでまとめられた「池上彰の新聞ななめ読み」をながめてみよう（『朝日新聞』二〇一三年一二月二〇日号）。この記事では、経済協力開発機構が二〇〇〇年から三年ごとに実施している生徒の学習到達度調査の結果について、最新の第五回の二〇一二年調査を中心に報道した一二月四日の新聞各紙、とくに朝日と読売の朝刊を読み比べて、次のようにまとめている。

とかく順位を気にする人が多い日本では、この調査は発表のたびに大きく報道されてきた。新聞各紙が今回強調して報道したのは、日本の子どもの学力が向上したことであり、それ自体はまことにめでたいニュースだが、記事を詳細に読んでいくと、解説に不審な点も見受けられる。一つは、日本の子どもの学力は「向上傾向」（朝日）なのか「復調傾向」（読売）なのかという、調査結果の全般的な傾向に関するとらえ方の問題である。これについては、池上は参加国・地域が増えても日本の順位が上がったので、向上傾向が鮮明になったと表現した朝日の記事の方が妥当だという。

もう一つは、成績が下がったり向上したりしたのは、どのような理由からなのかという、生徒の成績を左右する要因の問題である。これについては、「ゆとり教育」の導入で成績が下がり、「脱ゆとり教育」の実施により成績が上がったと分析した読売の説明は間違えていることを論理的に明らかにした上で、成績の復調は「脱ゆとり教育」の成果だと論じてしまうのは、「自分たちの成果だ」と誇示したい文部科学省の発表に誘導されたものではないかと、池上は辛口に指摘している。さらに結びの言葉では、生徒の学習到達度調査が求める学力、つまり発表をうのみにしないで論理的に分析する力を、はたしてこの記事を執筆した記者はもっているのかと、鋭い突っ込みの疑問を投げかけている。

(2) 日本の対応・アメリカの対応

この三〇年ほどの間、各国の教育政策では生徒の学力向上が主要な政策課題としてとりあげられてきた。その過程で、当初は国により温度差がみられたけれども、国際学力調査は世界的な関心を集めるようになった。とりわけ二一世紀に入ると、多少の例外はあるにしても、各国の教育行政担当者は国際学力調査で少しでも良好な結果をえるために、教育政策の立案や修正、実施に努めてきている。ただし各国の学力問題への対応は、その国の歴史や文化的伝統、社会の制度的仕組み、教育制度の特徴などによって大きく異なっている。

たとえば国民全体の学力向上を達成するためには、学力が低いグループの底上げをはかって学力格差を是正する必要があるけれども、格差是正の対象のとらえ方には国によって違いがみられる。公正や平等の観点から人びとを区分して教育の問題を考えるときによく使われる指標は社会階層、民族性、ジェンダーの三つである。子どもの学力格差もこれらの自分自身では変えられない生得的な要因などによって生じやすいと考えられているが、日本ではもっぱら子どもの出身階層の経済格差の問題としてとらえられることが多いのに対して、アメリカや西欧では、それに加えて人種や民族間の格差問題としても論じられる傾向がある（志水・山田、二〇一五年、二、八－一〇頁）。

そうした状況を考慮して、この第四章では、一九八〇年代以降の日本の学力向上政策の動向と今後の課題を、主にアメリカとの比較を中心に、国際比較の観点から考察してみよう。アメリカにとくに注目するのは、第二次世界大戦後の日本の教育改革はアメリカの影響を強く受けており、現在の「小さな政府」の教育政策もアメリカの動向と無関係ではないようにみえるからである。国際学力調査の世界的な展開と特徴を整理し、アメリカにおける学力向上政策の歩みをたどった後、日本の学力向上政策の動向と国際学力調査のインパクトについて考えてみたい。

(3) 国際学力調査の展開

はじめに国際学力調査の世界的な展開と特徴を整理してみよう。ひとくちに国際学力調査といっても、これまでさまざまな調査が実施されてきた。代表的な調査は、国際教育到達度評価学会の「国際数学・理科教育動向調査」と経済協力開発機構の「生徒の学習到達度調査」の二つである（国立教育政策研究所、二〇一三年、二七－三〇頁；文部科学省、二〇一二年；深堀、二〇一一年、一四四－一五一頁などを参照）。

国際数学・理科教育動向調査　国際数学・理科教育動向調査（ＴＩＭＳＳ：Trends in International Mathematics and Science Study）は、初等中等教育段階の第四学年（日本では小学四年生）と第八学年（日本では中学二年生）における生徒の数学と理科の教育到達度を各国共通のテストによって測定するとともに、各国の教育制度や教育課程（カリキュラム）、指導方法や教員の資質、生徒の教育条件などを調査して、教育到達度とそれらの要因との関係を明らかにすることにより、各国の教育改善に資するデータを提供することを目的としている。

第一回国際数学教育調査（FIMS、一九六四年）、第一回国際理科教育調査（FISS、一九七〇年）、第二回国際数学教育調査（一九八一年）、第二回国際理科教育調査（一九八三年）に続き、一九九五年の第三回以降は国際数学・理科教育動向調査として、四年ごとに実施されてきている。調査の参加国・地域は一九六四年のイギリスやドイツ、スウェーデン、アメリカ、日本などといった先進一二か国から、二〇一五年の中東やアフリカの諸国を含む第四学年四九か国・地域、第八学年三九か国・地域まで大幅に拡大している。

ちなみに日本の平均得点と世界での順位（実施していない年を除く）をみると（**表4－1**）、日本の平均得点はどの科目のどの学年でも一貫して高く、世界での順位もきわめて高い。一九九五年以前の結果は表に載せていないけれども、第四学年・理科の順位は一位／一六か国（一九七〇年）、一位／一九か国（一九八三年）だった。また第八学年・数学の順位は二位／一二か国（一九六四年）、一位／二〇か国（一九八一年）であり、第八学年・理科の順位は一位／一八か国（一九七〇年）、二位／二六か国（一九八三年）だったから、国際数学・理科教育動向調査からみた日本の生徒の数学と理科の教育到達度はこの半世紀の間、ほかの国ぐにを圧倒してきたといってよい。

表4－1　国際数学・理科教育動向調査における日本の位置：平均得点と順位

実施年	小学４年生		中学２年生	
	算数	理科	社会	理科
1995	567点（3位/26か国・地域）	553点（2位/26か国・地域）	581点（3位/41か国・地域）	554点（3位/41か国・地域）
1999	調査非実施	調査非実施	579点（5位/38か国・地域）	550点（4位/38か国・地域）
2003	565点（3位/25か国・地域）	543点（3位/25か国・地域）	570点（5位/45か国・地域）	552点（6位/45か国・地域）
2007	568点（4位/36か国・地域）	548点（4位/36か国・地域）	570点（5位/48か国・地域）	554点（3位/48か国・地域）
2011	585点（5位/50か国・地域）	559点（4位/50か国・地域）	570点（5位/42か国・地域）	558点（4位/42か国・地域）
2015	593点（5位/49か国・地域）	569点（3位/47か国・地域）	586点（5位/39か国・地域）	571点（2位/39か国・地域）

出所：文部科学省、2016 年、1 頁。
＊表中の平均得点は 1995 年調査における基準値（500 点（対象生徒の 3 分の 2 が 400 点から 600 点に入るように標準化した得点））からの変化を示す数値。

生徒の学習到達度調査　生徒の学習到達度調査（ＰＩＳＡ：Programme for International Student Assessment）は、多くの国で義務教育が修了する一五歳の生徒（日本では高校一年生）が、将来生活していく上で必要とされる知識や技能などをどの程度習得しているのかを、①読解力、②数学的リテラシー、③科学的リテラシーの観点から各国共通のテストによって測定し、各国の教育成果を相対化することによって教育政策の立案に役立てることを目的にしている。

この調査は二〇〇〇年から開始され、三年ごとに実施されてきた。調査の参加国は二〇〇〇年の三二か国・地域（経済協力開発機構加盟国二八、非加盟国四）から、第六回の二〇一五年の七二か国・地域（加盟国三五、非加盟国三七）まで大幅に拡大している。調査の重点領域は実施年によって異なり、これまで①読解力中心は二〇〇〇年と二〇〇九年に、②数学的リテラシー中心は二〇〇三年と二〇一二年に、③科学的リテラシー中心は二〇〇六年に実施され、二〇一五年は科学的リテラシー中心の調査が行われた。なおこの調査でも、生徒は学習習慣や学習動機、家族などに関する問に回答し、学校の管理者は学校の基本的な属性や財政基盤などに関する問に回答することを求められている。

ちなみに日本の平均得点と世界での順位をみると（**表4-2**）、二〇〇〇年の数学的リテラシー以外は世界での順位が一位になったことはないけれども、日本の平均得点は三つのどの観点からみても一貫して高く、世界での順位も高い。参加国・地域が大幅に増えていることを考慮すると、日本

表4－2　生徒の学習到達度調査における日本の位置：平均得点と順位

実施年	参加国・地域	日本の平均得点(順位)		
		読解力	数学的リテラシー	科学的リテラシー
2000	32	522点(8位)	557点(1位)	550点(2位)
2003	41	498点(14位)	534点(6位)	548点(2位)
2006	57	498点(15位)	523点(10位)	531点(6位)
2009	65	520点(8位)	529点(9位)	539点(5位)
2012	65	538点(4位)	536点(7位)	547点(4位)
2015	72	516点(8位)	532点(5位)	538点(2位)

出所：国立教育政策研究所、2013 年、3 頁、27 頁；国立教育政策研究所、2016 年、5 頁、12 頁、16 頁。
＊表中の平均得点は OECD 加盟国の生徒の平均得点が 500 点、約 3 分の 2 の生徒が 400 点から 600 点に入るように換算した得点（平均得点 500 点、1 標準偏差 100 点）。

の生徒の学力は向上傾向にあるといってよい。なお二〇一五年調査ではコンピュータ使用型調査へ全面的に移行したが、それ以前にもコンピュータ使用型調査は行われており、デジタル読解力の順位は四位／一九か国・地域（二〇〇九年）、四位／三二か国・地域（二〇一二年）であり、デジタル数学的リテラシーの順位は六位／三二か国・地域（二〇一二年）だった。

したがってこれらの結果をみると、日本の教育水準は総合的にみれば他の国ぐにに比べて非常に優れており、けっして危機的な「学力崩壊」状況にはないことが分かる。ところで二つの国際学力調査には、どのような共通点と相違点があるのか。あらためて整理してみよう。

二つの国際学力調査の共通点と相違点

はじめ

に二つの調査の共通点に注目すると、第一に、二つの調査には調査のデザインや方法などの面で共通するところが少なくない。同一の調査担当者が両調査とも実施している国が多いこともあり、先行して一九六四年に開始された国際数学・理科教育動向調査の経験やノウハウが、生徒の学習到達度調査を実施する際にも生かされているからである。

たとえばどちらの調査も全数調査ではなくて標本調査なので、コストを低くおさえたり、予備調査を実施して本調査の内容の難易度を調整したり、各国で共通の標本抽出法を適用して偏りの少ない標本を抽出したりすることができる。またどちらの調査も回答形式として（あらかじめ与えられた数個の選択肢のなかから正解を選択させる）多肢選択法だけでなく、（事象について説明させたり回答に至る考え方を述べさせたりする）記述式問題を重視している。そのため生徒の思考力や表現力を調べたり、知識や技能の習得に加えて、その活用についても確認したりすることもできる。さらに全生徒が受けるテストは一種類だけでなく、項目反応理論（ＩＲＴ）にもとづいて複数の問題セットが準備されているのも、二つの調査に共通する特徴である。これにより異なるグループが異なる時期に違う問題セットに回答しても、得点の比較ができるように工夫されている。

第二に、どちらの調査も参加国・地域が大幅に増えている。調査の開始当初、国際数学・理科教育動向調査は主に少数の先進諸国が参加し、生徒の学習到達度調査は主に経済協力開発機構の加盟国が参加したが、その後中東やアフリカの諸国などを含めて、参加国・地域は年を追って大幅に増加した。ただし二つの調査の参加国・地域には社会経済的条件や教育条件などの面で違いがみられるので、調査結果を分析したり比較検討したりする際には慎重に行う必要がある。

次に二つの調査の相違点に注目すると、第一に、二つの調査は調査の目的に大きな違いがみられる。国際数学・理科教育動向調査は、各国における初等中等教育段階の教育課程の到達度を明らかにすることを目指している。そのためテストの問題は各国の教育課程とできる限り合致するように開発され、生徒が小・中学校の数学や理科の授業を通して、基本的な知識とか計算・観察・実験などの技能をどれだけ習得したかを測定することが目指されている。またテストの内容の枠組みも一般的な教育課程の枠組みに対応しており、たとえば数学（中学校）では数や代数、図形など、理科（中学校）では物理や化学、生物、地学といった分類が採用されている。

それに対して生徒の学習到達度調査は、義務教育を修了後、実社会で生活していくために身につけておくべき知識や技能の習得度を明らかにすることを目指している。そのためテスト問題は必ずしも各国の教育課程に対応していない。なおこの調査で測定される能力は次のように定義されている。

つまり①読解力とは、自らの目標を達成し、自らの知識と可能性を発達させ、効果的に社会に参加するために、書かれたテキストを理解し、利用し、熟考し、これにとりくむ能力、②数学的リテラシーとは、さまざまな文脈のなかで定式化し、数学を適用し、解釈する能力であり、数学が世界で果たす役割を認識し、建設的で積極的、思慮深い市民に必要な確固とした基礎にもとづく判断と決定を下す助けとなるもの、③科学的リテラシーとは、疑問を認識し、新しい知識を獲得し、科学的な事象を説明し、科学が関連する諸問題について証拠にもとづいた結論を導き出すための科学的知識をもち、それを活用することなどを含む能力である。またテストの内容の枠組みも三つのリテラシーの概念に対応しており、たとえば数学では量や空間と形、変化と関係、不確実性とデータといった四つの数学的な内容のカテゴリーが採用されている。

第二に、どちらも標本抽出調査だが、その母集団は異なっている。国際数学・理科教育動向調査は教育課程の共通性を確保するために、各国の教育制度で九歳と一四歳の生徒を最も多く含む学年を母集団としており、生徒の学習到達度調査は生活経験の共通性を確保するために、どこでも一律に一五歳の生徒を母集団としている。ちなみに日本は原則として年齢主義なので、国際数学・理科教育動向調査の調査対象は小学四年生（九歳）と中学二年生（一四歳）であり、生徒の学習到達度調査の調査対象は高校一年生（一五歳）である。しかし飛び級や原級留置が珍しくないアメリカの場合、国際数学・理科教育動向調査の調査対象は第四学年と第八学年（年齢は一律ではない）であり、生徒の学習到達度調査の調査対象は一五歳（第九学年と第一〇学年中心の複数の学年）である。それゆえ二つの調査の結果を国際比較する際には、生活経験や教育課程の長さの異なる生徒が含まれていることに留意する必要がある。

2　アメリカの学力向上政策と国際学力調査

(1) 上海に学ぶ学力向上の極意

こうした特徴をもつ国際学力調査は各国の世論や教育政策に大きなインパクトを及ぼしてきた。一九八〇年代以降のアメリカの教育改革でも、その契機となった『危機に立つ国家』の刊行の背景には、国際数学・理科教育動向調査の前身である第一回国際数学教育調査（一九六四年）と第一回国際理科教育調査（一九七〇年）におけるアメリカの生徒の成績不振があった。アメリカの生徒が国際学力調査で凡庸な点数しかとれず、日本などの他の国ぐにに後れをとっていることから、アメリカはいまだかつてないほどの危機に瀕しているという危機意識が社会的に喚起され、教育改革の推進を促したのである。その後も国際学力調査が実施されるたびに、アメリカの生徒の成績不振は危機感を生み出すために使われ、学力向上政策の必要性がくりかえし主張されてきた（ラヴィッチ、二〇一五年、七九―八〇頁）。

たとえば『ニューズウィーク日本版』の二〇一四年六月三日号に掲載された「上海に学ぶ学力向上の極意」は、上海市の公立学校の教育事情を紹介している。上海市は第四回（二〇〇九年）と第五回（二〇一二年）の生徒の学習到達度調査において、①読解力、②数学的リテラシー、③科学的リテラシーの三分野で、参加した六五か国・地域のトップに立ったからだ。ちなみにアメリカはどの分野でも順位を下げている。そのため公教育に対する懸念が高まっているアメリカでは、その結果に狼狽の声があがり、中国経済の台頭が教育の成功と関係があると考える人が多いという。

もっともこの記事は、ただ単に警告を発するだけでなく、上海における学校教育とテストでの好成績を理解するには、まず中国の教育的伝統を知る必要があるとして、中国では教師は生徒にとって（親を除けば）最も尊敬される存在であること、欧米社会では批判的な暗記偏重の教育がいまだに重視されていること、試験の対象にならない科目は軽視される傾向があることなどを指摘している。また上海が中国の公教育すべてを代表しているわけではないので、上海が成功しても中国の教育が全体としてアメリカよりも優れていることにはならない点に読者の注意を促すとともに、上海の公立学校がよい成績を収めた理由をまとめている。ただしいろいろ理由をあげた上で、とくに中国ではアメリカやカナダと違って勉強熱心な子どもはかっこいいと評価されているが、そうした価値観だけは見習った方がよさそうだと末尾にわざわざ記しているのをみると、著者は国際学力調査をめぐる騒ぎにはうんざりしているようにも思われる（バーニンガム、二〇一四年、五〇―五一頁）。

(2) アメリカの学力向上政策――一九八〇年代以降

アメリカにおける第二次世界大戦後の教育改革の歴史をふりかえってみると、旧ソ連の人工衛星スプートニクの打ち上げ（一九五七年）を契機に、初等教育から大学院教育まで含めた包括的な教育改革をはかる国防教育法（一九五八年）が成立して、教育水準の向上、とくに数学と理科の学力向上が目指された。その後一九六〇年代中頃から七〇年代には、公民権運動などの社会変化に対応して公平性の問題が連邦政府の政策課題としてとりあげられ、連邦政府の教育政策では、生徒一人ひとりの多様な教育ニーズに対応し、その能力を最大限に伸ばすために最適の環境を提供することを目指して、教育機会の平等が重視された。

そうしたなかで、『危機に立つ国家』（一九八三年）は八〇年代の全米的な教育改革運動をひきおこし、その後現在まで続く教育改革の出発点にもなった文書である（橋爪、一九九二年、二一―七一頁）。この八〇年代の教育改革の目標は学校教育の水準を全体としてひきあげ、すべての学習者がその適性や能力、希望に応じて学ぶことができる「万人のための優れた教育」を確保するために、同世代の大多数が学ぶ中等学校を中心に、学校制度を根本的に改革することだった。別の言葉でいえば、量的拡大と質的強化の同時達成、あるいは一方で多文化社会に生きるアメリカの人びとに公平性を保障しながら、他方で教育の優秀性を確保するために、教育水準の全般的な向上を目指していた。

その背景には、教育は国際的な経済競争力にせよ、国防のための軍備や伝統的な文化の伝達にせよ、アメリカの基本的な国益の確保にとって決定的に重要である。しかしそれにもかかわらず、アメリカの学校は内外のさまざまな問題によって四方八方から責め立てられたために、国際学力調査におけるアメリカの生徒の低い順位をはじめ、教育水準の低下をもたらし、国益、とくに国家の経済的、知的な競争力の強化にブレーキをかけているという認識があり、学校制度の根本的な改革が目指されたのである（江原、一九九六年、四四－四五頁）。

この八〇年代から現在まで続く教育改革のキーワードはスタンダードと評価、それにアカウンタビリティ（説明責任）である。この改革では明確な教育目標を設定し、スタンダード、つまり教育内容や教育課程、生徒の達成度、教員の資格や責任範囲などについて一定の基準を設定し、その達成状況を測定する方法を明示して評価するとともに、評価結果についての説明責任や結果責任を問うことが目指された（松尾、二〇一〇年、二六－二七、一四一頁）。

八〇年代には連邦政府レベルから州政府、地方学区、学校までさまざまな教育改革が試みられたけれども、生徒の学力の大幅な向上などの目にみえる成果はえられなかった。しかしその後、いずれの政権でも教育改革は政策の優先課題として位置づけられ、スタンダードにもとづく教育改革は継続して進められた。G・H・W・ブッシュ大統領の共和党政権では一九九一年に、全米共通の教育目標としてはじめて設定された「全米教育目標」を達成するための戦略をまとめた政策文書「二〇〇〇年のアメリカ」が発表され、クリントン大統領の民主党政権では一九九四年に、「二〇〇〇年の目標：アメリカ教育法」が成立した。この法令により、八項目の全米教育目標が正式に設定されるとともに、州の教育改革を支援する連邦補助金を申請する条件として、スタンダードの開発を中心とした教育改革改善計画の策定が義務づけられることになった。また同年には、初等中等教育法（一九六五年）の改正により「アメリカ学校促進法」が成立し、マイノリティ（少数派）、とくに人種・民族的マイノリティや貧困者に対する教育機会の拡充を促す連邦補助金を受ける要件として、スタンダードの開発とそれにもとづく学力評価の実施が求められるようになった（松尾、二〇一〇年、二八―二九頁）。

こうした連邦政府主導のスタンダードにもとづく教育改革は、G・W・ブッシュ大統領の共和党政権で、初等中等教育法を改正した「どの子も置き去りにしない（NCLB）法」が二〇〇二年に成立することにより、いっそう強力に推進されることになった。というのも、各州や地方学区は連邦補助金を受ける要件として、第三―八学年のすべての生徒に対して州教育スタンダードにもとづく州共通テストを実施し、その結果によって学校を評価することを義務づけられたからである。

二〇〇九年に就任したオバマ大統領の民主党政権でも、その教育政策の基本路線は共和党政権の政策を踏襲するものだった。たとえば教育改革を遂行するための競争的な連邦補助金である「頂点への競争（RTTT）」では、申請書の評価基準として①学力の向上と格差是正に向けた州の教育改革方針と行動計画の策定、②共通スタンダードとそれにもとづく共通テストの開発と実施、③教員と校長の（成果にもとづく）力量形成などが設定されている（米川・深堀、二〇一五年、二六―二七頁）。

しかしオバマ大統領は二〇一五年末に、州や教育現場からの反発のため、初等中等教育法を改正した「すべての生徒が成功する法（ESSA）」を公布し、州に対して共通テストの実施と「要改善」

策の実施義務を継続して課すものの、学力の低い学校への連邦政府の介入を認めないことになった。さらに一六年初頭には新たなてこ入れ策として、情報技術教育の強化をはかる計画「すべての子どもにコンピュータ科学を」を発表し、予算も計上した。教育現場に過度の競争原理はそぐわないけれども、競争原理が働かなければ人間は前に進まないところがあるのかもしれない。しかしアメリカの教育水準の向上を目指してきた連邦政府主導の教育改革の歩みは、何を物語っているのだろうか（小暮、二〇一六年、三五頁）。

(3) 学力と学力格差の実態

それではこのスタンダードと評価、それにアカウンタビリティを軸にした、連邦政府主導の市場競争的な教育政策はどのような成果をもたらしたのか。いくつかの文献を参照して、主に生徒の学力と学力格差の実態に注目しながら、そのポイントをまとめてみよう（松尾、二〇一〇年、一四一―一五三頁：米川・深堀、二〇一五年、五〇―五二頁：岸本、二〇一四年、三一―三三頁：ラヴィッチ、二〇一五年、六二―六五、七一―七四、八八―九一頁）。

『危機に立つ国家』から二五年が経過した二〇〇八年に、連邦教育省はそれまでの教育改革をふりかえってまとめた報告書『責任ある国家』を刊行した。それによると、明確な教育目標を設定し、その達成のためにスタンダードや評価、アカウンタビリティを制度化する教育改革は各州で着実に進められた。たとえばほとんどすべての州は、英語・言語技能や数学、理科、歴史・社会科といった主要教科のスタンダードを開発した。歴史・社会科を除けば、州スタンダードに適切に対応した評価もほとんどの州で実施していた。さらに州のなかには、人種・民族的背景や経済的背景、英語能力などのカテゴリーごとに、主要教科の目標達成に向けた「適正年次進捗度（ＡＹＰ）」を設定し、その改善がみられた学校に報酬を与えたり（三五州）、改善がみられない学力不振校に支援を提供したり（三九州）、制裁を課したり（三二州）していたところも少なくない。しかしそれにもかかわらず、全体として生徒の学力の向上はみられず、とくに人種・民族グループ間の学力格差は大きいままだったという（松尾、二〇一〇年、一五二頁）。

その五年後に、教育専門誌『*Education Week*』（二〇一三年四月二四日号）やシンクタンクなどが行った、三〇年間の教育改革をふりかえった検証でも、目標とした学力向上に顕著な成果はあらわれていないことが確認されている。国際数学・理科教育動向調査や生徒の学習到達度調査などの国際学力調査でも、連邦教育省の全米学力調査（ＮＡＥＰ）でも生徒の成績は大幅に伸びなかったのである（岸本、二〇一四年、三一頁）。

Ｄ・ラヴィッチは一九八〇年代からはじまったアメリカの教育改革、とくに「どの子も置き去りにしない（ＮＣＬＢ）法」（二〇〇二年）にもとづく連邦政府主導の教育改革を、「企業型教育改革」と呼んで正面から批判している。ラヴィッチはそうした立場から、これらの二つの国際学力調査と全米学力調査の結果を分析して、アメリカの生徒の学力と学力格差の実態を次のように整理した。なおラヴィッチの眼からみれば、国際学力調査よりも全米学力調査の方が生徒の学校での学習成果を測る尺度として優れているようだ。

全米学力調査からみた生徒の学力の変遷　全米学力調査は民主党と共和党の両党提携で運営される、連邦教育省の全米評価運営委員会（ＮＡＧＢ）によって実施される学力調査であり、ラヴィッチ自身もクリントン大統領の民主党政権当時、委員を七年間務めた経験がある。この調査は一九九二年から隔年に、全米と各州から抽出した第四学年と第八学年の生徒を対象に読解と数学のテストを行っている。それはアメリカの生徒と彼らが通学する公立学校との関係がうまくいっているのかどうかを確認するために実施される。テストを受ける生徒の抽出は管理されており、誰がテストを受けるのかは公表されず、テストを受けるための準備も不要であり、抽出された生徒がすべての科目のテストを受けることもない。またテストの得点を受けた生徒に知らせないなど、その調査結果は個別の生徒や教員、学校の利害関係を左右しないように配慮して、次の二つの方法で報告される。

一つは〇から五〇〇点までの範囲にわたる尺度得点であり、生徒が何を知っていて何ができるかを測定する。もう一つは達成度レベルの評定であり、生徒がどれほどうまく成果をあげているのかを判断し、上級・習熟・基礎・基礎以下の四つのグループに分類する。ラヴィッチによれば、上級は$^{+}$A、習熟はAあるいは$^{+}$B、基礎はBあるいはC、基礎以下はD以下に相当し、基礎以上に分類されれば（C以上の評定だから）、その教科の学習達成度の点で生徒は合格と評価されたことになる。

ラヴィッチは一九九二年から二〇一一年までの二〇年間の全米学力調査の結果を分析して、読解と数学の両方でかなりの程度の成績の上昇がみられ、とくに数学の成績の方が読解の成績よりも顕著に上昇していること、最も急激な上昇は「どの子も置き去りにしない（NCLB）法」の施行前の二〇〇〇年から二〇〇三年の間に生じたことを明らかにしている（ラヴィッチ、二〇一五年、六三頁）。

もう少し具体的にみると（煩雑かもしれないが）、①第四学年の読解の得点は一九九二年の二一七点から二〇一一年の二二一点まで、ゆっくりと着実に、かなりの程度上昇した。また「基礎以下」の成績しかとれなかった生徒の比率は、一九九二年の三八％から二〇一一年には三三％まで減少した。人種・民族グループ別にみると、一九九二年よりも二〇一一年の得点が低かったのはアメリカ先住民だけである。

②第八学年の読解の得点は一九九二年から二〇一一年まで、すべての人種・民族グループでゆっくりと着実に、かなりの程度上昇した。また「基礎以下」の成績しかとれなかった生徒の比率は、一九九二年の三一％から二〇一一年には二四％まで減少した。

③第四学年の数学の得点は一九九〇年の二一三点から二〇一一年の二四一点まで劇的に改善し、

すべての人種・民族グループで上昇した。また「基礎以下」の成績しかとれなかった生徒の比率は、一九九〇年の五〇%から二〇一一年には驚くほど低い一八%まで減少した。

④第八学年の数学の得点は一九九〇年の二六三点から二〇一一年の二八四点まで劇的に改善し、すべての人種・民族グループで上昇した。また「基礎以下」の成績しかとれなかった生徒の比率は、一九九〇年の四八%から二〇一一年には驚くほど低い二七%まで減少した。

学力格差の実態と背景　このように全米学力調査によれば、読解と数学のテストの得点は、ほとんどすべての生徒集団において二〇年の間に改善した。ただし読解ではゆっくりとそして確実に、数学では劇的に改善した。ところでこのように二つの科目で改善の度合いに違いが生じたのは、読解は数学に比べて生徒の家庭状況の違いに大きく影響されるからである。別の言い方をすると、生徒は言葉づかいや語彙を家庭と学校で学ぶが、数学は学校だけで学ぶからだ（ラヴィッチ、二〇一五年、六七頁）。

またどの人種・民族グループの生徒もテストの得点を上昇させたため、二〇一一年の時点でもグループ間の学力格差は残っていた。こうした人種・民族グループ間や出身家族の所得差によって学力差が生じることは、アメリカだけでなくどの国でもみられる問題である。アメリカの学力向上政策、とくに二一世紀以降の政策では、人種・民族グループ間の学力格差の解消は主要な政策目標だった。しかし「どの子も置き去りにしない（NCLB）法」にもとづく教育政策もある程度の成果はあったものの、人種・民族グループ間の学力格差を解消することはできなかった。

二〇世紀におけるアメリカの黒人生徒と白人生徒の学力格差を概観した研究によれば、学力格差が最も縮小された期間は一九七〇年代と八〇年代であり、その後はそのような急激な格差の縮小はみられない。たとえば第四学年の全米学力調査の数学について、黒人生徒と白人生徒の平均点と得点格差の傾向をみると（ラヴィッチ、二〇一五年、四二四頁の図一六「白人生徒と黒人生徒の四学年NAEP数学の平均点と得点格差の傾向」を参照）、二〇〇〇年から二〇一一年の間に、黒人生徒の得点は二〇三点から二二四点に、また白人生徒の得点は二三四点から二四九点にいずれも上昇した。したがってこの一〇年間に白人生徒と黒人生徒の学力格差は三一点から二五点まで縮まり、六点分縮小した。ところがこの改善のうち三分の二に相当する四点の上昇は二〇〇三年までに、つまり「どの子も置き去りにしない（NCLB）法」の施行前に起こっていたのである。

こうした黒人と白人の生徒の学力格差が常に存在してきたのは当然のことである。というのも一九五四年のブラウン判決以降、連邦政府と多くの州は過去の不公正を是正するための政策を実施してきたが、そうした政策も社会的・経済的抑圧と不利益の長い歴史にさらされてきた黒人の人種差別を克服するには不十分だったからだ。そしてこのような組織的な不利益を生み出している社会的・経済的状況を解決しなければ、学力格差が急激に縮小されたり解消されたりすることはないのである（ラヴィッチ、二〇一五年、七一―七四頁）。

国際学力調査からみたアメリカの生徒の学力水準　ラヴィッチはアメリカの生徒の学習成果を測る尺度として、全米学力調査の方が国際学力調査よりも優れていると考えている。またマスメディアや教育政策立案者を中心に、国際学力調査が実施されるたびに、アメリカの生徒の成績不振が危機感を生み出すために使われてきたことに対してきわめて批判的である。とくにアメリカの生徒が国際学力調査で首位の得点をとらなければ、アメリカの経済と国家安全保障は危機に直面するという警告は間違っていると断言している。

アメリカの生徒は国際学力調査においてきわだってよい得点をとったことがない。それは第一回国際数学教育調査（一九六四年）でも、第一回国際理科教育調査（一九七〇年）でも同じであり、その後の調査でも変わらない。その理由の一つは、国際学力調査の得点は学校の成績評価にも大学進学にも影響しないため、アメリカの生徒にとって真剣にとりくむ必要がなかったからである。もっとも、各州でスタンダードの開発とそれにもとづく学力評価の実施が進むにつれて、近年はアメリカの学校でもテストが重要だと考えられ、得点を向上させようとする継続的な圧力がかかるようになった。そのため生徒は、たとえ自分の成績評価や卒業には役立たなくても、テストに対する注意をより多く払うことを学んだのかもしれない。

たとえば国際数学・理科教育動向調査についてみると、一九九五年から二〇一一年の間で、第四学年と第八学年の生徒の数学の得点はかなりの程度上昇し、科学の得点は下降しないで、ほとんど同じだった。読解の得点も二〇〇一年から二〇一一年の間で上昇している。また生徒の学習到達度調査でも、一五歳児の読解力や数学的リテラシー、科学的リテラシーの得点は二〇〇〇年から二〇一二年の間で不安定に上下しているけれども、下降はしていない。なおここでとくに強調する必要があるのは、そうした得点の傾向は、連邦政府主導の企業型教育改革で目玉の望ましい学校改革例として喧伝され、推進されてきたチャータースクールとか、バウチャーを利用した生徒が在籍する学校などではなくて、ごく普通の公立学校が生み出した立派な成果なのだということである。

(4) アメリカの学力向上政策のゆくえ

国際学力調査の意味　このようにアメリカの生徒は過去半世紀にわたり、国際学力調査ではほどほどの成績しか収めることができず、一度も首位になったことはなく、ほぼ平均か下から四分の一ほどの成績しかとってこなかった。それは事実だが、そのことはアメリカ社会やアメリカの教育にとってどのような意味があるのか。ラヴィッチによれば（そして実は私も同じ意見なのだが）、近代の国民国家にとって、公教育による教育成果の一定の水準は国の成功のための土台として必要だが、いったんその土台ができあがれば、テストの得点をさらに上げるよりも、そのほかの要素に注意や努力、資源などを投入すべきなのである。

というのも国際学力調査の比較研究は、国際学力調査の得点と国民国家としての成功や生産性、人びとの生活の質や生きがいなどとの間には何の関係もなかったことを明らかにしているからだ。アメリカは今日でも科学と技術の分野で世界の指導者であり、世界で最強の経済力をもつ国である。それにもかかわらず他の国に負けまいとして絶えず他の国を追いかけ、たとえば国際学力調査の得点を上げるために、中国やインドのような国ぐにですら止めたいと考えている暗記偏重の教育方法を導入したり、アメリカの公教育の発展を支えてきた知的自由と教職の自律性を放棄したりする必要はない。

それよりもアメリカの教育関係者は、アメリカにとって真に重要な教育問題を解決するために、注意や努力、資源などをふりむけるべきなのだ。それらは大学を卒業するマイノリティ（少数派）の数の少なさ、中心市街地の荒廃した学校、学校運営に対する見当違いの保護者の干渉、教員に対する保護者や学校管理者からの支援の欠如といった、さまざまな問題を解決することである（ラヴィッチ、二〇一五年、八八―九一頁）。

公教育改革の方向：ラヴィッチの勧告　一九八〇年代以降、とくに二一世紀のアメリカの企業型教育改革を正面から批判するラヴィッチの基本的な考え方は、われわれの社会はすべての子どもに対する機会の平等を目標とすべきであり、子どもが現在経験している切迫した不平等の軽減を目指すべきだというものである。

そのためには、社会は活気にあふれた民間部門と責任をしっかりと担う公共部門の双方を必要とする。また子どもと家族の生活を改善するためのプログラムを確立し、強固な教育制度を作り上げるためにしっかりとした尊敬される教職を確立することが求められる。連邦政府と州政府の教育政策では、生徒の低い学業成績の根源的な原因には、学校に対する不平等な資源配分に加えて、人種隔離と貧困があることも認めて、教育改革を進めなければならない。さらにアメリカの最も優れた学校は少人数学級、経験豊富な教員、十分な資源、豊かな教育課程、よく整備された設備、生徒が芸術や体育に携わることのできる多くの機会などを備えているが、そうした特徴を備えた学校教育を、公共部門の連邦政府と州政府は責任をもって提供すべきなのだ（ラヴィッチ、二〇一五年、一〇一一、二九一、四〇〇頁）。

ラヴィッチはこうした観点から、具体的な問題解決の方策を提案している。それは公教育の現場における実践的な改革だけでなく、子どもが生まれ育つ家族の条件整備から、連邦政府と州政府の教育政策のあり方や人種隔離と貧困を減らす公共政策の充実までを含む、きわめて包括的な提言である。ラヴィッチは今日のアメリカ社会にとって公教育の改善が不可欠なことを確信しており、公立学校はその達成できる目標を実現するために、適切な政策、人的資源、資金、先見の明をもちあわせていれば、社会にとって望ましい優れた成果で応えることができることを主張しているのである。

ラヴィッチはスタンダードと評価、アカウンタビリティを軸にした八〇年代以降現在まで続くアメリカの教育改革を推進してきた主要な研究者の一人だったが、二一世紀に入ると、一転してその痛烈な批判者として論陣を張るようになった。本書ではその当事者だからこそできる説得力のある鋭い分析の論旨を、やや極端な形で簡略に集約して紹介してみた。ただしそれは、「小さな政府」による教育政策を一方的に否定するためだけにとりあげたわけではない。世界の多くの国ぐにが八〇年代以降、「小さな政府」による教育政策を長年にわたって推進してきたのは、それなりに意味があったはずだからである。そしてその行き着く先のイメージが最も顕著にあらわれやすいのがアメリカの教育改革だとすれば、その課題や問題を明らかにするために、ラヴィッチの明解な整理を参考にするのは、それなりに意義があるように思われる。

アメリカの学力向上政策については、そのほかにもさまざまな立場から課題や問題点が指摘されている（米川・深堀、二〇一五年、五〇―五二頁；山田、二〇一五年、二一八、二二六―二二九頁；山田、二〇一六年、一〇―一一頁）。

たとえばアメリカの教育政策では、あたかも工場生産の品質管理や成果主義を重視する企業型経営方式のように、州共通テストをはじめ、精緻なデータを集積し、その分析にもとづいて教育改革を効率的・効果的に進めようとするところがあるが、そのために他方で、次のような大きな代償が払われていることも批判されている。つまり測定しやすい狭い範囲の学力に注目することによって、実態の把握が形骸化し、①意欲や好奇心などといった、測定しにくいけれども生徒の学習にとって重要な学力の側面を無視する可能性があること、②生徒が学習する真の喜びは学ぶこと自体のなかにあることを無視してしまいやすいこと、③学校にとって不可欠な生徒にやる気と興味を与え、教員同士が生徒の成長を目指して互いに協力する教育の仕組みが損なわれやすいことなどである。

また人種・民族グループ間の学力格差是正策については、中・高所得層で格差是正の手厚い支援を受けた黒人やヒスパニックの一部に学力向上の成果がみられるにしても、社会的・経済的に豊かな家庭に生まれた白人の生徒は学力の面でも圧倒的に優位に立っており、そうした学力格差を生み出す社会構造そのものが依然として維持されていることに変わりはない。現場の自由裁量権の拡大とひきかえに強化されたアカウンタビリティに対処するために、過剰なテスト対策や評価のインフレが横行したり、現場の創意工夫が阻害されたりしているのも問題である。それから「学力」の意味を問い直し、すべての子どもが身につけてほしい学力像を構築するには、社会的・経済的に有利な立場にある子どもだけでなく、不利な立場にある子どもの声を生かすために、学校現場で子どもと日々向きあっている教員の自律性をいっそう確保しなければならない。

3　日本における国際学力調査のインパクト

(1)　日本の学力向上政策の動向

国際学力調査のインパクト　それでは目を転じて、このような特徴をもつ国際学力調査は日本の教育政策にどのような影響を与えてきたのか（松下、二〇一四年、一五三頁：福田他、二〇一一年、三四一―三五頁）。

日本では二〇〇四年一二月に、どちらも二〇〇三年に実施された二つの国際学力調査、つまり国際数学・理科教育動向調査と生徒の学習到達度調査の結果が公表され、それが学力低下の証拠として報道されると、二〇世紀末にはじまった学力低下論争に事実上の終止符が打たれ、文部科学省は教育政策をゆとり教育から学力向上へ大きく転換する方向へ動き出した。同省は省内にすぐさま「PISA・TIMSS対応ワーキンググループ」を設置し、翌年一二月には「読解力向上プログラム」を作成した。その結果、当時の一九九八・九九年の学習指導要領改訂にもとづくゆとり教育体制下でも、読解力を中心とする学力向上政策が積極的に実施されることになった。

その後二〇〇七年の学校教育法改正により、「思考力、判断力、表現力」などのPISAリテラシーに類似した能力が学校教育の最上位の目標にくみこまれ、それが二〇〇八年の学習指導要領改訂により教育内容に具体化されたのも、日本の教育政策に対する重要なインパクトだといってよいだろう。また学校評価もこの改正により義務化され、学校教育の結果を検証して質を保証するために、全国学力・学習状況調査や学校評価制度の整備も進められた。二〇〇七年に実施された全国学力・学習状況調査では、知識や技能の学習成果を問うA問題に加えて、知識や技能などの活用力を問うB問題が新設され、国際学力調査の出題形式に対応した、具体的な場面での問題設定や記述問題などを含む新しい問題により学習成果を測定することになった。さらにこの調査では、学力を問う教科の調査に加えて、生徒の生活習慣や学習環境、学校の指導方法などの調査も行い、それらと学力との関連を分析して、その結果を教育活動などの学校運営の改善に活用することも求められた。

教育政策における国際学力調査の位置と役割　『平成二五年度文部科学白書』は二〇一三（平成二五）年に「第二期教育振興基本計画」が策定されたことをふまえて編纂されており、第二部「文教・科学技術施策の動向と展開」の内容も、基本計画における位置づけや計画をふまえた取組を中心にまとめられている。国際学力調査は、この白書の第四章「世界トップレベルの学力と規範意識等の育成を目指す初等中等教育の充実」の第一節「学習指導要領が目指す教育の実現」の冒頭にある「一　確かな学力を育む」で、次のように言及されている（文部科学省、二〇一四年a、一三八、一四三－一四五頁）。

国際学力調査は全国学力・学習状況調査とともに、第二期教育振興基本計画における成果目標1（「生きる力」の確実な育成）を評価する成果指標として位置づけられ、国際学力調査の平均得点を調査国中トップにすること、あわせて習熟度レベルの上位層の増加と下位層の減少を実現することが目指されていた。

国際数学・理科教育動向調査については、日本はこれまで、小学校と中学校の算数・数学、理科のすべての教科で国際的に上位を維持していた。二〇一一年調査についてみると、小学校では各教科とも前回の二〇〇七年調査に比べて、平均得点が有意に上昇するとともに、習熟度の低い生徒の割合が減少し、習熟度の高い生徒の割合が増加した。また中学校では各教科とも平均得点は前回調査と同程度だが、習熟度の高い生徒の割合は増加した。しかし他のトップレベルの国ぐにと比べると、各教科で習熟度の高い生徒の割合が低いことや、学習意欲などが国際平均よりも低いことなどが課題である。

生徒の学習到達度調査の二〇一二年調査についてみると、日本は読解力と科学的リテラシーの分野で調査が開始された二〇〇〇年以降はじめて経済協力開発機構諸国のなかで一位に、数学的リテラシーの分野でも二位になり、過去最高の結果となった（ただし全参加国・地域のなかでは、それぞれ四位、四位、七位だった）。平均得点も三分野すべてで最も高くなった。また習熟度レベル別にみても二〇〇九年調査に続いて、レベル一の下位層の生徒の割合が減少し、レベル五の上位層の生徒の割合が増加した。しかし他のトップレベルの国ぐにと比べると、日本は習熟度の高い生徒の割合が低いことが課題であり、日本以外の上位国も平均得点をさらに上げていて、学力の向上に熱心にとりくんでいることが指摘されている。なお好成績の要因としてあげられているのは、確かな学力を育成するための取組や少人数教育の推進によるきめ細かな指導体制などの教育環境の整備、全国学力・学習状況調査の実施による教育施策や教育指導の改善の取組などである。

こうした状況をふまえて、世界トップレベルの学力を育むための取組をいっそう推進することが重要であり、文部科学省では①言語活動や理数教育の充実などをはかる学習指導要領の着実な実施とフォローアップ、②少人数教育の推進やきめ細やかな指導体制の整備、③全国学力・学習状況調査の継続的な実施による教育の検証改善サイクルの確立などにとりくんでいくことが計画されている。

⑵ 学力向上政策の方向

このような日本の学力向上政策の動向を、やや距離を置いて国際比較の観点からながめてみると、日本の学力向上政策にもアメリカの学力向上政策と重なり合うところが少なくない。日本ではもともと順位を気にする人びとが多いことや、日本が東アジア型の教育政策を実施する国の一つとして位置づけられ、暗記偏重や一斉授業に対する批判がくりかえされてきた事情などを考えると、アメリカよりも日本の方がはるかに深刻な問題をかかえているとみなされるかもしれない。もちろん「小さな政府」による教育政策自体を全面的に批判するのは的外れであろう。しかし日本でも、近年の国際学力調査を含めた学力向上政策については、いくつもの問題点や課題が指摘されてきた。また実施の過程で学力調査の具体的な実施体制や調査結果の公表などの見直し作業も行われてきたが、そのポイントは次のようにまとめられる（松下、二〇一四年、一五九頁：深堀、二〇一一年、一五六―一五七頁などを参照）。

第一に、国際学力調査への参加については批判をくりかえすだけでなく、その意義と役割の理解を深めて活用する必要がある。国際比較調査は自国の教育水準を国際的な水準尺度上に位置づけて、教育改善の必要性や改革の方向性をみきわめる機会を提供する道具としてとらえることができる。それは実質的な成果の有無を別にして、社会がグローバル化するなかで、特定の文化や国民国家の壁を超えて身につけるべき能力を指標化し、データを収集・分析して、国民国家間の比較と政策借用を促進しながら、教育の世界標準を構築していく役割をそれなりに果たしてきたといってよいだろう（カーノイ、二〇一四年、五五―五六頁）。

国際数学・理科教育動向調査と生徒の学習到達度調査はいずれも、教育の国際比較の道具であるにとどまらず、各国の学力向上政策を促す道具としてもある程度機能してきた。実際に日本の教育改革でも（賛否両論はあるにしても）、二つの国際学力調査は日本の子どもや若者の学力低下を裏づける根拠として使われ、日本の教育課程行政に路線転換をもたらす契機となったり、エビデンス・ベースの改善サイクルの構築を推進する際のモデルとして利用されたりしたところがある。

しかし第二に、そうした国際学力調査のメリットを生かすためには、日本の教育課程の実施状況を詳細にとらえることを目指す全国学力・学習状況調査などの国内の学力調査と国際学力調査との対応関係を体系的に明らかにする必要がある。というのも国際学力調査は、各国の学力調査を用いて明らかにした生徒の学習状況を国際的な文脈のなかで相対化する役割を果たすことによって、国際的通用性のある人材育成に向けた教育改善を促す道具として資するところに、その存在意義があるからである。

たとえば調査の目的や調査方法、テストの問題の構造や内容の分析などの面で、全国学力・学習状況調査と国際学力調査はそれぞれどのような特徴があり、相互にどのような対応関係にあるのかを、調査の結果もふまえて体系的に分析しなければならない。また国際学力調査は日本の生徒の学力を測定する指標としてどの程度の妥当性があるのかとか、日本の教育課程は国際的通用性をもつ人材育成に向けてどの程度の妥当性があるのかといったことも、事実に即して詳細に吟味する作業が求められる。

第三に、アメリカの学力向上政策でも指摘されているように、学力調査は測定しやすい狭い範囲の学力に注目する傾向があり、そのため学力の実態の把握が形骸化して、意欲や好奇心などといった生徒の学習にとって重要な学力の側面を無視する可能性がある。また市場競争の原理やアカウンタビリティを重視する「小さな政府」の教育政策に対処するために、教育現場で過剰なテスト対策が横行したり、教員同士が生徒の成長を目指して協力する教育の仕組みが損なわれて教員の士気が低下したりするなど、学力調査をめぐるさまざまな課題や問題があり、教育関係者はそれらに正面から向きあわなければならない。

さらに近代国民国家である日本にとって、公教育による教育成果の一定の水準は国の成功のための土台としてたしかに必要だが、いったんその土台ができあがれば、学力調査の得点をさらに上げるよりも、そのほかの要素に注意や努力、資源などを投入すべきである。それらは学校に対する不平等な資源配分の是正や、経済的に恵まれない生徒や学生に対する財政援助の大幅な拡充、教員養成と教員研修を含む教師教育の充実などといった、さまざまな課題や問題を解決することである。

それから日本社会にとって公教育の改善が不可欠なことを教育関係者が確信し、学校教育の成果の底上げを本気で目指したければ、たとえばフリー・スクールや家庭学習での義務教育を容認する仕組みを導入したり、中学校までに不登校などを経験した生徒に学び直しのための学習機会を義務教育修了後に提供したりして学校制度の弾力化をはかり、できるだけ多くの勉強が苦手だった生徒の意欲や基礎学力を高め、彼らに生涯にわたって主体的に学んでもらうように工夫しなければならない。

第四に、国際学力調査で測定される知識や技能などを、各国の学校教育における教育課程の教育内容としてくみこむ際には、生徒の読み書き能力の背景となり、特定の文化に参加するために求められる各国に固有の知識や技能などと整合するように再構成する必要があるが、それは日本も例外ではない。また教育課程の内容は社会の主流派の支配的な文化を反映したものになりやすいことを考えると、次世代の人びとが世界を相対化して批判的に読み解き、変革していく想像力を身につけるために不可欠な知識や技能とも整合するように再構成する必要があるだろう。

第五に指摘しておきたいのは、学ぶ側の多様性にも十分に対処した教育課程の構築が要請されていることである。たとえば経済のグローバル化にともなって、日本文化と異なる文化的背景をもつ外国人労働者が急増したため、彼ら自身とその子どもに対する教育機会を速やかに整備することが求められている。それに加えて、いわゆる「日本文化」という、同一の文化的伝統を共有する文化的共同体のなかで育てられたはずの日本の子どもの場合も、学校教育に対する見方や動機づけ、関わり方は実際には非常に多様なことに配慮する必要がある（本書の第三章1「公教育の改革と価値教育の位置」を参照）。日本の学校教育における教育課程の内容は基本的に、西欧生まれの近代科学の知識や考え方にもとづいて構成されているが、それらを誰もが同じように学びたいわけではないのだ。卒業後の社会生活で必要な知識や技能、態度も多種多様であり、その人の就く職業や社会での役割、生き方などによっても大きく異なっているため、そうした学ぶ側の多様性にも十分に配慮した教育課程を構築することが求められている。

第五章　教育の国際化の課題

1　社会のグローバル化と教育の国際化

(1) 国際的視点の意義

日本の教育のあり方を考える際には、日本の教育だけでなく、海外の教育の動向や日本と他の国ぐにとの関係を国際比較の観点から理解することが非常に重要である。多くの人びとにとって、自分の個人的な教育経験は限られている。たとえばほとんどの人は幼稚園や保育所をはじめ、小学校や中学校、高等学校を一校しか経験していないし、外国の学校で学んだことのある人もそれほど多くない。個人的な教育経験は日本の教育のあり方を考える際に、最も具体的で実感のある貴重な情報源である。しかしそうした個人的な教育経験や日本の教育の実状を国際比較の観点から相対化して理解すれば、日本の教育についていっそう豊かなイメージを描くことができる。

日本の教育改革でも、海外の動向は自国の長所や弱点をチェックする「合わせ鏡」として活用されてきた。日本は日本社会にふさわしい教育改革を実施する必要があるが、その是非を判断したり新しいアイデアを生み出したりするのに、国際比較の観点は大いに役に立つからだ。また日本と諸外国との関係が緊密で頻繁になるにつれて、教育の分野でも相互理解や国際協力の推進がますます要請され、国際化に対応した教育のあり方が問われるようになった。それから各国の公教育や教育政策はこれまで、国内の教育状況の改善や充実を中心に進められてきたが、社会のグローバル化にともなって国境を越える国際的な教育活動が拡大するにつれて、そうした見方や考え方ではとらえきれない教育の問題や課題も生じてきている。この第五章では、このような国際比較の観点を重視する立場から、「教育の国際化」をキーワードにして、日本の教育のあり方を探ってみたい。

(2) 国際化のイメージ――「日本人の意識」調査

はじめに近年の日本人の意識に映った国際化のイメージを確かめておこう。NHK放送文化研究所が全国の一六歳以上の国民を対象に、一九七三（昭和四八）年から五年ごとに実施している「日本人の意識」調査は、日本人の価値観やものの見方の変化を知り、日本社会の将来像を探るのに役に立つ継続調査である。この調査では、一九九三年から日本社会の国際化の状況と意識に関連した質問項目を追加しているので、その結果をたどると、次のような特徴がみられる（高橋・荒牧、二〇一四年、三二、三五―三六頁）。

第一に、日本国内で外国人とつきあった経験のある人の割合は、一九九三年の三九％が二〇年後の二〇一三年には五二％に増え、現在の日本人の半数は外国人と実際につきあった経験がある。具体的な中身について聞くと、どの経験も二〇年の間に増えている。ただし二〇一三年でも（複数回答）、あいさつを交わしたり（一九％）、職場で一緒に働いたり（一九％）、学校で一緒に勉強したり（一四％）、食事に招待したり、されたりする（一四％）などの軽いつきあいは比較的比率が高いけれども、サークルや地域で一緒に活動したり（八％）、自分の家に泊めたり、泊まりに行ったり（七％）、自分または家族や親戚が外国人と結婚したりしている（七％）などといった、自らが進んで行う経験は非常に少ない。

第二に、外国との交流に対する意欲についてみると（二〇一三年）、貧しい国の人たちへの支援活動に協力したい（七五％）が最も多く、いろいろな国の人と友達になりたい（六三％）、機会があれば海外で仕事や勉強をしてみたい（三七％）の順である。前の二つは〇三年から一三年までの間でほとんど変わらないけれども、三つ目の海外で仕事や勉強をしてみたいと回答した人の比率は四三％から三七％に減っているので、やや日本人は内向きになっているといってよいかもしれない。

第三に、一番好きな外国を一つだけ自由に答えてもらうと（二〇一三年）、上位に入っているのは九三年から常にトップのアメリカ（二二％）をはじめ、スイス（九％）やオーストラリア（七％）、フランス（六%）イギリス（五%）、イタリア（五%）など、その大半は欧米諸国である。なおアメリカなど上位一〇位に入った国を答えた人は九三年の七一%から一三年の六五%に減り、それ以外の国と答えた人は五%から一〇%に増えているから、外国に対する好みや関心は、特定の国に集中するのではなく、次第に多様化してきている。好きな外国の理由で多いのは、美しい自然や恵まれた環境があるから（一七%）、歴史があり、優れた文化や芸術があるから（一〇%）、行ってみたり、住んでみたりしてよかったから（一〇%）、日本との関係が深いから（六%）などである。

第四に、この調査では当初から、日本に対する愛着心と自信について調べているので、その結果も紹介しておこう。日本に対する愛着心について聞いた結果を、一九七三年、一九九三年、二〇一三年の二〇年間隔でたどってみると、「そう思う」と答えた人の比率は、日本で生まれてよかった（九一%→九七%→九七%）、日本の古い寺や民家をみると、非常に親しみを感じる（八八%→八三%→八七%）、自分なりに日本のために役に立ちたい（七三%→六九%→七四%）だから、四〇年間でそれほど大きな変化はない。こうした日本に対する愛着心は、日本の社会状況が変わっても多くの人びとに共有されているといってよいだろう。

その一方で、日本に対する自信について聞いた結果を、同様の手続きでたどってみると、日本は一流国だ（四一%→四九%→五四%）、日本人は他の国民に比べて、きわめて優れた素質をもっている（六〇%→五七%→六八%）だから、日本に対する自信は高くなっている。もっとも、もう少し詳しく五年間隔でたどってみると、二つの項目について「そう思う」と答えた人の比率が最も高かったのは八三年であり、それぞれ五七%と七一%だった。ところがその後の二〇年間に、どちらの項目の比率も低下し続け、〇三年には三六%と五一%まで下がっている。しかし〇八年から再び高くなりはじめ、一三年にはようやく八三年当時の水準まで回復したといった方が正確である。ただし外国に対する見方では、どの時点でも七割以上の人が一貫して、今でも日本は外国から見習うべきことが多い（七〇%→七六%→七四%）と回答している。それゆえ日本社会に生活する人びとは、一方で日本に対する愛着心と自信をそれなりに保持しながら、外国に対しては必ずしも敵対的ではなく、どちらかといえば開放的で協力的な意識をもっているとみてよいだろう。

(3) 注目される教育の国際化——一九八〇年代以降

ところで、こうした日本社会の国際化の状況や意識もふまえて、日本政府の教育政策で教育の国際化が重要な政策課題として注目されるようになったのは、一九八〇年代以降のことである。たとえば八四年に設置された臨時教育審議会の答申は、日本社会の国際化にともない、教育の分野でも国際化に対応する必要があることを提言している。具体的な問題としてとりあげられたのは、①帰国子女・海外子女教育への対応、②留学生受け入れ体制の整備・充実、③外国語教育の見直し、④日本語教育の充実、⑤国際的視野における高等教育のあり方、⑥日本人としての主体性の確立と相対化である。その後の日本の教育政策は基本的に、この方針に沿って進められ、さまざまな施策が実施されてきている。

八〇年代以降に顕著になった教育の国際化への関心の高まりには、次のような理由が考えられる。一つ目は、日本の経済が著しく成長し、日本の動向によって諸外国の経済や政治が大きな影響を受けるようになったことである。日本が第二次世界大戦後経済的に貧しかったときには、その対外的な影響力はそれほど大きくなかった。しかし経済の高度成長期（一九五五—七三年）を経て経済大国になると、日本は世界の動向を左右するようになり、諸外国との相互理解や国際協力をますます要請されるようになった。

また日本はもともと天然資源が乏しいため、原料を輸入して優れた製品を生産し、それを輸出していく必要があるが、それに加えて日本の資本が海外に投資されたり、日本の人びとが海外で活躍したりするようになった。海外投資を適切に行うためには、直接の投資先をはじめ、海外の事情をそれまでよりもはるかに総合的に理解することが求められる。海外に支店や現地工場などが設置され、数多くの日本の人びとが働くようになったため、彼らの海外での生活条件や帰国後の処遇などに適切に配慮することも重要な課題である。

さらに国内の経済活動を維持・発展させるために、未熟練労働者や非熟練労働者を中心に大量の外国人労働者を受け入れるようになり、その処遇をめぐる問題も社会的な関心を集めてきた。彼らが労働者として短期間滞在して帰国する場合には、それほど深刻な社会問題にはならないかもしれない。しかしその数が増えただけでなく、長期にわたって滞在し、家族をもち、子どもが生まれるようになるにつれて、社会保障や住宅問題などとともに、彼らとその子どもに対する教育機会の整備が重要な課題になった。

教育の国際化が八〇年代以降注目されるようになった二つ目の理由は、このことと関係している。製品や資本を輸出していた時期と違って、国境を越えた人的な交流が盛んになり、数多くの日本人が海外で活躍したり、大量の外国人を受け入れたりするようになると、そうした社会で生活できる知識や技能、態度をもてるように若い世代を訓練したり教育する必要があることに、多くの人びとが気づくようになったからだ。

第三の理由は、海外から日本の教育は国際化すべきだという強い要請があったことである。日本を含めて、大部分の国は外からの圧力がないと、なかなか変わらないところがある。日本の教育の国際化についても、こうした外からの要請は七〇年代のはじめから行われていた。たとえば経済協力開発機構（OECD）は七〇年代に、加盟国の教育政策や教育計画を調査するプロジェクトを実施した。同機構は六一年に、西欧や北米などの先進諸国により国際経済全般について協議することを目的に設立され、日本は六四年に加盟している。日本も同プロジェクトの調査対象になり、七一年に報告書が刊行された。この報告書の最後の章は「世界参加のための教育」というタイトルであり、その末尾では「国際協力」について、次のように勧告している（OECD教育調査団、一九七六年、一四〇頁）。

今日求められていることは、基本的な態度の変革である。もはや世界を、技術や原料をえて生産物を売るといった単なる市場としてみることはできなくなった。国際主義が新しい意味を獲得したのだ。日本は一〇〇年前、明治維新ののちに国際舞台に仲間入りし、国家のために勉強させ、仕事をさせるために国民を海外に送り出してきた。今日の日本に要請されているのは、他のOECD加盟国の場合と同じように、世界を代表して、国際参加への道をすすむことである。

この文章のなかでとくに強調されているのは、「態度の変革」と「世界を代表して」の二か所である。そのときからすでに四〇年以上経過したが、多くの日本の人びとは依然としてこの二つを自然に身につけているようには思われない。

そのほかに、国際連合教育科学文化機関（UNESCO：ユネスコ）は第二次世界大戦後の設立当初から、平和教育や各国理解、人権教育、国際理解を中心とした国際理解教育を提唱し推進していたが、一九七四年には「国際教育に関する勧告」を公表した。この勧告では（やや分かりにくい定義だが）、国際理解や国際協力、国際平和は、諸国民や諸国家の間の友好関係の原則と人権や基本的自由の尊重にもとづいた不可分の一体をなすものであり、それらをまとめて表現する言葉として「国際教育」を提案している。

この国際教育に関する教育政策の主要な指導原則としてとりあげられているのは、①すべての段階、形態の教育に国際的（インターナショナル）側面と世界的（グローバル）視点をもたせること、②すべての民族とその文化や文明、価値、生活様式（国内の少数民族や他国の文化を含む）に対する理解と尊重、③他の人びとと交信する能力、④個人がその属する社会や国家、世界全体の諸問題の解決への参加を用意することなど七点である（ユネスコ国内委員会、一九七四年、二頁）。日本では、これらの勧告に対応して、文部科学省は国際理解教育や国際教育を推進し、外務省は開発教育を推進してきた（国立教育政策研究所・国際協力機構地球ひろば、二〇一四年a、九‐三頁）。日本の教育改革は、その具体的な政策や実践などの面で国際機関の勧告や路線を必ずしも忠実に継承しているわけではないけれども、こうした外からの要請に促されて動き出すところが少なくないのである。

(4) 社会のグローバル化への対応

さらに近年では社会のグローバル化、とくに経済のグローバル化のいっそうの進展にともない、日本の教育の国際化に関する教育政策も新たな対応を迫られている。社会のグローバル化によりトランスナショナル教育、つまり国や地域という行政区域を越えて移動する、人や教育プログラム、教育の提供者をはじめ、教育課程（カリキュラム）やプロジェクトなどの教育活動はますます活発になってきているが、この国境を越えて移動する教育活動は教育の国際化の一環でもある（OECD教育研究革新センター・世界銀行、二〇〇八年、二四、二六―二七頁）。

こうした教育の国際化の側面が注目されるようになった主要な契機の一つは、一九九五年に世界貿易機関（WTO）が発足した際に、サービス貿易に関する一般協定（GATS）が作成されたことである。この協定によりモノの貿易だけでなく、金融・情報・通信などのサービスの貿易を対象にした貿易自由化も促進されたため、各国の教育サービスのあり方も大きな影響を受けるようになった。教育、とくに高等教育はグローバル商品として位置づけられるようになったのである（北村・杉村、二〇一二年、六頁）。

また加盟各国の教育に対する経済協力開発機構の関与は当初（すでに紹介したように）、各国の教育政策や教育計画などに焦点を絞った政策レビューに力点が置かれていたが、近年は国家の経済的生産性の維持・向上における教育の役割を重視する立場から、生徒の学習到達度調査（PISA）などに代表されるように、各国の教育成果を共通のテストによって測定し、その結果を各国の教育政策の立案に役立てることを目指した事業なども推進している。

日本では二一世紀に入ると、現代社会において育成すべき人間像として、内閣府による「人間力」（二〇〇三年）や厚生労働省による「就職基礎能力」（二〇〇六年）、文部科学省による「学士力」

（二〇〇八年）など、さまざまな提言が相次いで試みられた（国立教育政策研究所・国際協力機構地球ひろば、二〇一四年b、一―五頁）。さらに政府や経済団体などの会議や議論では二〇〇九年頃から、それらの資質や能力に加えて、異文化理解力や語学力が求められたり、コミュニケーション力やチームワーク、問題解決力などといった資質や能力も、文化的背景が異なる者同士の間で発揮することが期待されたりしたため、そうした人間像をあらわす便利な言葉として、「グローバル人材」が多用されるようになった。

たとえば『平成二五年度文部科学白書』の第一部特集一「二〇二〇新たな成長に向けて」では、第四節「グローバル人材の育成」を設け、初等中等教育段階と高等教育段階におけるグローバル人材育成や持続可能な開発のための教育（ESD）、日本の若者の海外留学促進について、さまざまな政策や提言をまとめている（文部科学省、二〇一四年a）。また第一部特集二「教育再生に向けた取組の加速」でも、第三節「『未来への飛躍を実現する人材の養成』に向けて」を設け、科学技術を担う人材育成と並んで、グローバル人材の育成をあらためて掲載している。

なおこの特集におけるグローバル人材の定義は、グローバル化が加速する国際社会のなかで日本の成長を支え未来への飛躍を担うため、日本人としてのアイデンティティや日本の文化に対する深い理解を前提として、豊かな語学力・コミュニケーション能力、主体性・積極性、異文化理解の精神などを身につけて、世界を舞台としてさまざまな分野で活躍し、日本の成長を牽引する人材である。

その背景には、二〇〇六年に全部を改正された教育基本法で、第五番目の教育の目標として、「伝統と文化を尊重し、それらをはぐくんできた我が国と郷土を愛するとともに、他国を尊重し、国際社会の平和と発展に寄与する態度を養うこと」が謳われるようになったことも想定できるだろう。このように教育の国際化の内実は時代の流れに応じて大きく様変わりしているようにもみえるが、この白書の第二部「文教・科学技術施策の動向と展開」でとりあげられた施策をながめてみると、その多くは基本的に、三〇年前の臨時教育審議会の答申で謳われた方針に沿って進められているように思われる。

⑸ 教育の国際化へのアプローチ

「教育の国際化」という言葉は、日本ではさまざまな意味を込めて使われてきている。しかしここでは、教育の国際化とは、国際交流が盛んになった世界で生きていくのに必要な知識や技能、態度を身につけるのに役立つ教育をすべての児童生徒や学生に提供するという考え方にもとづいて、国際的にも異文化間でも互換できるような教育プログラムの開発を重視しながら、学校や大学などで行われる教育の内容や仕組みを、より洗練され、内容豊かで、しかも社会的・文化的背景や出身地などの違いを超えて広く適用できるように改善していく過程を意味する言葉として理解しておこう。

長々とした定義だが、このように教育の国際化を理解して、いくつか補足しておきたい（江原、二〇〇七年b、一八九―一九一頁）。一つ目は、日本の大多数の人びとは国際化を自動詞として、つまり日本人自身が国際化するという意味で理解していることである。日本語の「国際化」に相当する英語は「internationalization」だが、この二つの言葉に含まれる意味は歴史的文化的な違いを反映してかなり異なっている。

英語の「internationalize」はもともと他動詞であり、他の人びとや国ぐにを国際的にするとか、国民としての特権や独立国家としての資格を奪うというような意味で使われることが多い。英語圏の人びとは、自分たちはあくまでも国際化する主体であって、自らをとくに変えなくてもよいと考えているのである。それに対して日本では、国際化という言葉を「国際的なものになること」というように、どちらかといえば日本人自身が変わっていくという意味で使うことが多く、いわば自動詞として扱う傾向がある。この本では、このような国際化に対する日本の人びとと英語圏の人びとの考え方の違いを考慮して、教育の国際化を定義している。

二つ目は、大多数の日本の人びとは国際化を望ましい、到達すべき目標だと考えていることである。英語の国際化という言葉は、他の人びとや国ぐにを統制したり管理したりする意味を含むため誤解をまねきやすいこともあり、英語圏の教育分野ではようやく最近になって広く使われるようになった。

ところが日本では、同じ施設設備の旅館やホテルでも、「国際」という名前がつくと、何かよくなったような言葉の響きが今でもある。大学や学部などの新設や再編成の際にも、情報や文化と並んで「国際」がよく使われてきた。大学や学部のイメージは学生や保護者の関心をひくのに重要な要素であり、「国際」もその一つなのである。その意味では、教育の国際化という言葉は日本で使われはじめ、次第に世界的にも使われるようになった教育用語だといってもよいだろう。そして教育の国際化が日本でこのようにプラスのイメージでとらえられているのは、改革を実行しやすくするので、非常に重要なことだと思われる。

三つ目は、定義のなかにある「国際交流が盛んになった世界で生きていくのに必要な知識や技能、態度」の具体的な内容、つまり国際人とは何かという問題である。国際人のとらえ方も多様であり、現代社会において育成すべき人間像をあらわす言葉として近年よく使われる「グローバル人材」も、その一つである。インターネットのグーグルで「国際人」を入力して検索すれば、多種多様なとらえ方があることを容易に知ることができる。

しかしここでは、国際人とは、自分の所属する生活集団のもつ生活文化の仕組み（システム）の相対性が分かり、必要に応じて自由に自己を超越できる人間であると広めに定義しておこう。というのも、国際社会で生きるとは（国内外を問わず）、複数の文化のなかで生きることであり、複数の仕組みを使い分けることだからである。そしてそのために日本の若い世代がなによりもまず身につけてほしいのは、自分自身と自分の日常生活を絶対的なものでなく、相対的なものとしてみることができるような知識や技能、態度なのである。そうすることにより、彼らは自分の生活文化とは異なる生活文化を身につけた多様な人びとや子ども、グループをそのまま受け入れ、新たな生活文化の仕組みを構築していくことができるように思われる。

第四に、グローバル化と国際化の違いを国民国家との関係であらためて確認しておきたい（本書の第一章2「社会変動と教育改革」を参照）。二つの言葉の違いは必ずしも明確ではないけれども、人間の諸活動が次第に国民国家（ネーション－ステート）の国境を越えて交流したり、流動化したりすることに注目する点ではどちらも同じである。しかし「国際化」では、国民国家の枠組みが基本的にゆるがないことを前提にして、国民国家間の相互交流や相互協力を重視する意味合いがある。それに対して「グローバル化」では、国民国家の存続を暗黙のうちに前提にしているが、それよりも人びとのさまざまな活動が国民国家の拘束を離れて、地球規模で（グローバル）独自の展開を示すようになることを強調する傾向がある。

今日では環境破壊や国際紛争、人権問題、移民や外国人労働者の受け入れなど、一国だけでは解決できない地球規模の課題が非常に多い。しかもそうした課題の解明や解決のためには、グローバルな観点から対処する必要があるのはいうまでもない。しかしそれと同時に、その現実的な解決をはかるための最も重要な当事者（アクター）として、国民国家が想定される課題がきわめて多いのも事実である。さらに近い将来に国民国家に代わる強力な当事者を構築するのは現実的ではないため、当面は国民国家の役割を無視できないことを考慮すると、社会のグローバル化への対応を考える際にも、国際化、つまり国民国家が相互に影響することにより、自国の社会体制や政策、文化などを変容させる過程を無視することはできないように思われる。そしてそうした観点からみると、教育の分野でも社会のグローバル化にともない、国民国家間の相互理解や国際協力の推進がますます要請され、国際化の進展に対応した望ましい教育のあり方の検討や政策の実施が、ますます問われるようになってきたといってよいだろう。

なお教育の国際化を論じる際には、言説と現実とのギャップもしばしば批判の対象になる。たとえば言説では、「国際化は世界の経済、政治、社会、文化、技術、環境に関する力学を批判的に理解し、寛容、相互理解、持続性の価値によって導かれる地球市民の育成に関わるものだ」といった見方をはじめ、多文化主義や国際主義などの立場から、いろいろな理念や理想、願いなどを込めて、国際化という言葉が定義されたり使われたりすることもある。それに対して実際には、教育の国際化を推進する現実の動機は、たとえば収入創出の資金繰りが厳しい大学にとって、留学生の受け入れなどの政策や方針は収入を増やすための措置なのだという指摘もあり、それもまた事実だと思われる（D・シュグレンスキー、二〇一四年、四四二頁）。つまり大学の国際化とは、税金やなけなしの大学の自己資金などを使って海外の大学教員や留学生を招待することではなく、オーストラリアやイギリス、カナダなどのように、産業としての大学教育のあり方を考えることも重要な作業なのである。ただしこの第五章では、どちらかといえば教育学の立場から、それゆえやや理念的な見方を頭の隅に置きながら、教育の国際化の課題について考えようとしている。

⑹ 国際化の二つの分野

それでは、このような考え方にもとづいて日本の教育の国際化を進めるには、どのようにすればよいのか。日本の学校や大学は社会の国際化にともなって、大きく分けると次の二つのこと、つまり①国際化のための教育と②教育制度の国際化を推進することを求められている（**表5-1**）。

第一の「国際化のための教育」は、国際化した社会で人びとが生きていくのに必要な知識や技能、態度を、生徒や学生に学んでもらうための教育であり、国際理解教育（国際教育）や外国語教育、日本語教育などがある。また第二の「教育制度の国際化」は⑴学校組織の普遍化、⑵制度的な特別措置、⑶トランスナショナル教育の三つに大きく分けて整理する。

現在の各国の教育制度の仕組みやあり方は、一八世紀後半の産業革命やフランス革命の後、主にイギリスやフランス、ドイツなどの西欧諸国を中心に成立した近代教育制度を基礎にして発展してきた。そのため今日の世界の教育制度には共通する部分も多いが、それぞれの国の政治経済体制や

表5−1　教育の国際化の領域

Ⅰ 国際化のための教育
(1) 国際理解教育（国際人の育成、異文化理解、日本人と個人としてのアイデンティティ（主体性）、「総合的な学習の時間」など）
(2) 外国語教育（国際コミュニケーション言語としての英語、近隣諸国の言語、JETプログラムなど）
(3) 日本語教育（日本語学習者、外国人留学生、日本語教育機関、日本語能力検定試験など）

Ⅱ 教育制度の国際化
(1) 学校組織の普遍化（学位や教育課程、入学者選考、卒業資格要件などの標準化、国際バカロレアなど）
(2) 制度的な特別措置
(a) 海外子女教育・帰国児童生徒教育（日本人学校、補習授業校、帰国児童生徒特別枠など）
(b) 外国人児童生徒教育（就学支援、就学義務化、日本語指導、外国人学校など）
(3) トランスナショナル教育
(a) 人的国際移動（外国人留学生、海外留学、日本留学フェア、高校生留学、海外修学旅行など）
(b) 組織的国際移動（ダブル・ディグリー・プログラム、遠隔教育、大学間ネットワーク、外国大学分校など）

歴史的文化的伝統などの違いを反映して、相互に異なる独自な部分も少なくない。教育制度の国際化のうち、一つ目の(1)学校組織の普遍化は教育制度の共通する部分を標準化して、どの国の教育を受けても世界で同じように評価されたり処遇されたりするように、学校組織を改善することを目指している。

それに対して二つ目の(2)制度的な特別措置は各国の教育事情を考慮して、独自の教育の仕組みやあり方を整備することを目指している。さらに三つ目の(3)トランスナショナル教育は教育の国際化そのものであり、それらの国境を越える国際的な教育活動を支援したり推進したりするための取組を、人的な国際移動と組織的な国際移動の二つの領域に分けて整理する。

2 国際化のための教育

(1) 国際理解教育の実践

国際化のための教育のうち、一つ目の国際理解教育(国際教育)とは、国際人を育成するための教育、つまり国際交流が盛んになった世界で人びとが生きていくのに必要な知識や技能、態度を、生徒や学生に学んでもらうための教育を意味する言葉である。その目的は若い世代に諸外国の文化や歴史、地理などに関する知識を身につけたり考えたりする機会だけでなく、国境を越えた国際的な連帯を大切にする態度や、人種とか民族に対する偏見を改めていく姿勢、自分の知らなかった文化や社会のことを正面から理解しようとする心構えなどを学ぶ機会を提供することである。

国際連合教育科学文化機関が第二次世界大戦後、国際理解教育を提唱してから今日まで、この言葉に含まれる内実は大きく変わり、類似の用語も国際教育や開発教育、グローバル教育、持続可能な開発のための教育など、さまざまな言葉が使われてきた。また国際理解教育や国際教育を推進してきた文部科学省の教育政策も社会状況に応じて変化してきているが、その大まかな方針はこうした国際理解教育のとらえ方に集約されるとみなしてよいだろう。

日本の教育政策で国際理解教育がとくに注目される契機になったのは、一九九六年の中央教育審議会答申「二一世紀を展望した我が国の教育の在り方について（第一次答申）」において、「総合的な学習の時間」の導入が提言され、その実践例として国際理解教育が例示されたことである。この答申では、国際化に対応した教育は、①異文化理解や異文化共生のための教育、②日本人および個人として自己を確立するための教育、③コミュニケーション能力の向上を目指している。また二〇〇二年から実施された学習指導要領では、国際理解は情報や環境、福祉・健康などとともに、「総合的な学習の時間」の課題の一例として掲げられ、教育課程のなかに明確に位置づけられた。国際理解教育は各教科、道徳、特別活動などで行われるが、総合的な教育活動であることをふまえて、「総合的な学習の時間」を活用する取組としても位置づけられたのである。

総合的な学習の時間において、その導入当初、横断的・総合的な課題として国際理解にとりくんでいた公立校の割合は、小学校六三%、中学校二五%、高等学校の普通科一八%、専門学科八%、総合学科二九%だった（初等中等教育における国際教育推進検討会、二〇〇五年、二三―二四頁）。ただしその後の各学校における取組はやや停滞気味で、二〇一三年度計画でも、小学校六六%、中学校三三%であった（文部科学省、二〇一四年b）。また文部科学省主催で二〇〇八年に開催された国際教育推進フォーラム二〇〇八で、地域の特性を生かした国際理解教育の実践がとりあげられたり、文部科学省が『国際理解教育実践事例集』を刊行したりして推進をはかったが、必ずしも十分な成果をあげていない。一九九一年に設立された日本国際理解教育学会も、年次大会や研究紀要などを通じて研究活動や教育実践を進めるとともに、国際理解教育の理論と教育実践の統合をはかったり、活動の普及などに努めたりしているけれども、より積極的な発展が望まれる（日本国際理解教育学会、二〇一〇年：日本国際理解教育学会他、二〇一五年）。

国際理解教育については、そのほかにも多くの課題が指摘されている。たとえば各学校の国際理解教育は多くの場合、外国語や社会科などの教員や国際理解に関心のある一部の教員まかせになっており、学校全体の取組になっていないこと、英語活動の実施がすなわち国際理解だという誤解があること、国際活動に関する活動が単なる体験や交流に終わってしまっていることなどである（江原、二〇一一年a、一九五頁）。さらに①実践の視点を明確化しながら、多様な国際理解教育の教育実践を一定の枠組みで理論的に整理すること、②国際理解教育の教育実践では個人的資質の育成がとくに強調されてきたが、個人的資質を国際的資質に結びつけるための教育課程や学習論を整備すること、③多元的な視点を導入して、国際理解教育で育成する人間像を再構築することなども重要な課題である（佐藤、二〇〇七年、八二―八三頁）。

(2) 外国語教育の拡充

国際化のための教育としては、二つ目の外国語教育も非常に重要である。外国語教育は言語運用能力の向上だけでなく、外国語の学習を通して視野を広げ、異文化を理解し尊重する態度を育成するとともに、異なる文化や言語をもつ人びとと主体的に交流するなかで、協力して相互の相違点を認識したり、合意を見出したりしていく能力や態度を育成することを目指している。

日本で外国語といえば、なによりもまず英語である。とくに最近では、国際的コミュニケーション言語としての英語、とりわけ英会話主体のコミュニケーション能力の育成が重視されるようになった。ただしいくつか補足すれば、日本の中学校の教育課程では、長い間選択教科だった外国語は一九九八年の学習指導要領改訂で必修教科の一つになり、英語以外の外国語を学ぶこともできる。しかし中学校では英語の履修が原則とされ、実際にほとんどの生徒が英語を選択している。また二〇一一年度から必修化された小学校の五、六年生における外国語活動でも、実際には英語による外国語活動が想定されている。その背景としては、英語以外の外国語を担当できる教員や教材の不足などといった児童生徒をとりまく学習環境や学習条件の問題も考えられるが、なによりもまず教育関係者だけでなく、大部分の日本の人びとが外国語のなかでは英語を最も重視しているからである。

もっともこうした英語重視は日本だからいえることである。たとえば歴史と伝統が異なる多くの国ぐにが国境を接している西欧諸国では、外国語教育で英語が常に最も重視されてきたわけではないし、オランダやスイスなどのように複数の外国語の履修を重視するところもある。たとえばオランダについてみると、日本の中学校にあたる「基礎中等教育」では、オランダ語と英語は必修科目で、そのほかにフランス語かドイツ語のどちらかが必修科目になっている。さらに大学進学準備教育を行うギムナジウムでは、ラテン語とギリシャ語も必修なのである（大谷・林他、二〇〇四年、二四二―二四六、三一七、三七六頁）。

日本では、英語はこれからますます重要な外国語になると思われる。世界的にみても、国際的コミュニケーション言語としての英語の役割は重視されているから、それは当然のことなのかもしれない。しかし日本の外国語教育の問題の一つは、中国語や朝鮮語、タイ語、インドネシア語などの近隣諸国の言語を学ぶ機会が学校や大学でほとんど提供されていないことだ。現在の若い世代の間では、アジアの言語を学ぼうとする者が急速に増えている。若い世代が英語だけでなく、他の言語に関心をもつようになったのは、彼らが社会の変化を敏感に感じとっているからで、それ自体は非常に望ましいことなのである。その意味では、日本の外国語教育では英語以外の言語を学ぶ機会、とくに近隣諸国の言語を学ぶ機会を学校や大学でさらに整備したり充実したりすることが強く求められている。

文部科学省の教育政策では、英語をはじめとした外国語教育を強化するために、次のような事業が進められている（文部科学省、二〇一四年a、一五〇―一五一頁）。第一に、二〇一一年から順次実施されている現行の学習指導要領では、小・中・高等学校を通じた英語教育を強化するために、小学校では年間三五単位時間（週一コマ）の外国語活動が導入され、中学校や高等学校では英語教育の高度化がはかられるとともに、小・中・高等学校を通じて一貫した英語によるコミュニケーション能力の育成が目指されている。

二つ目に、外国語能力の向上に向けた取組として、英語担当教員が英語教育に関する実践的・効果的な指導力を身につけることを目的とした英語担当教員の米国派遣事業や、各都道府県の拠点校を中心とした優れた英語教育の取組への支援などが実施されている。また語学指導等を行う外国青年招致事業（ＪＥＴプログラム）は、外国語教育の充実や地域レベルの国際交流の進展をはかることにより、諸外国との相互理解の増進や日本の国際化の促進に寄与することを目的にしているが、この事業により二〇一四年に外国語指導助手として参加した外国青年は二八か国から約四千人を数えた。

三つ目に、文部科学省は英語教育の先進事例となるような学校づくりを推進するために、英語教育に重点的にとりくむ高等学校などを「スーパー・イングリッシュ・ランゲージ・ハイスクール（ＳＥＬＨｉ）」に指定し、英語教育を重視した教育課程の開発、一部の教科を英語によって行う教育などについて実践的な研究を二〇〇二年から八年間、延べ一六六件一六九校で実施した。また二〇一四年から、「スーパー・グローバル・ハイスクール（SGH）」を指定し、高等学校などにおけるグローバル・リーダー育成に資する教育を通して、生徒が社会課題に対する関心と深い教養やコミュニケーション能力、問題解決力などの国際的素養を身につけ、将来国際的に活躍できるグローバル・リーダーとして育成されることを目的とした事業を展開している。

そのほかにも外国語教育の拡充を目指してさまざまな政策が実施されている。しかし学校教育のなかで外国語教育の改善をはかるためには、さまざまな制約条件を乗り越えなければならない。外国語教育を担当できる教員の育成や施設設備をはじめとした学習環境の整備なども不可欠だが、とくに考慮する必要があるのは、教育課程のなかで外国語教育にとって必要な時間をどのように確保すればよいのかということだろう。たとえば小学生の場合、二〇二〇年から三、四年生は外国語活動により外国語に慣れ親しみ、五、六年生の英語は正式の教科になり、時間数も週あたり二時間に増加するが、現状でも忙しい時間割をどのように工夫すれば、外国語教育に対して教員も生徒も前向きになれるのかを真剣に検討することが望まれる。

(3) 日本語教育の発展

国際化のための教育の三つ目としてとりあげた日本語教育とは、日本語が母語、つまり幼時に母親などから自然に習得する言語ではない人びとに対する日本語の教育を意味する言葉である。日本語の学習者は多様であり、第二次世界大戦終了時に中国に残った中国帰国者やインドシナ難民、日本に在留する外国人が同伴する児童生徒、日本語が必要な国際業務担当者や技術者、日本で学ぶ留学生、海外の学校で日本語を学ぶ生徒や学生などが含まれる。なお外国人が同伴する児童生徒が学ぶ日本語教育については、後述の制度的な特別措置のうち外国人児童生徒教育の課題のなかで紹介する。

日本語教育の教育機関数や教員数、学習者数は近年大幅に増加した。文化庁の「平成二六年度日本語教育実態調査」によれば、国内では二〇一四年現在、一、八九三の機関・施設で約一七万四千人が日本語を学習していた。教員数は約三万三千人である。二〇〇四年以降の一〇年間で機関・施設数は一・〇四倍、教員数は一・一倍、学習者数は一・四倍にそれぞれ増加した。また国際交流基金の「二〇一二年度日本語教育機関調査」によれば、海外の一三六か国（厳密には一二八か国と八地域）に一六、〇四六校の日本語教育機関があり、そこで約六万四千人の教員の下で、約三九九万人の人びとが日本語を学習していた。一九七九年以降の三三年間で機関数は一四・〇倍、教員数は一五・六倍、学習者数は三一・三倍に増加しているから、海外における日本語教育は常に増加を続けただけでなく、大幅に拡大した。地域別では東アジアの比率が圧倒的に高く、機関数で全体の四一・三％、教員数で六一・一％、学習者数で五四・一％を占めている。

日本語教育は短期間である程度の成果を収めることが期待されるため、教材や教授法、教育課程についていっそうの工夫や改善が求められる。日本政府の「留学生一〇万人計画」（一九八四年）や「留学生三〇万人計画」（二〇〇八年）などをはじめ、留学生受け入れの量的拡大に対応するためには日本語教育の拡充が要請されるが、その主要な方策の一つは日本語教員の資質や能力の向上である。そのためにたとえば一九八六年に開始され、現在日本語学校などにおける教員採用の主要な条件となっている日本語教育能力検定試験（ＪＬＴＣＴ）については、日本語教育をとりまく状況の変化に即して、その出題内容や実施体制を継続して改善していく必要がある。また日本語教員の養成教育や現職教育の拡充、施設設備の整備、日本語教員の待遇改善、日本文化・社会や教材・教授法に関する情報不足の解消、教材不足の解消なども重要な課題である。

3　教育制度の国際化

(1)　学校組織の普遍化

教育制度の国際化については、(1) 学校組織の普遍化と(2) 制度的な特別措置、(3) トランスナショナル教育の三つに大きく分けて整理してみよう。

国境を越える国際的な教育活動が盛んになるにつれて、日本を含めた多くの国ぐにでは既存の教育制度を再構築し、トランスナショナルな教育を含めた新たな教育のあり方を探ることが要請されている。というのも各国の公教育や教育政策はこれまで、もっぱら国内の教育状況の改善や充実を中心に進められてきたが、国境を越える国際的な教育活動が拡大するにつれて、そうした見方や考え方ではとらえきれない教育の問題や課題が生じてきているからである。

教育制度の国際化のうち、学校組織の普遍化では学位とか卒業証書をはじめ、入学者選考や卒業資格要件などの標準化が要請されるようになった。いろいろな国のさまざまな学校や大学で学んだ生徒や学生の単位互換や転入学の手続きなどの標準化もますます必要になってきている。そのほかに学年暦や教育課程の構成、施設設備などの見直しも求められている。たとえば学年歴についてみると、日本の新学期は四月だが、国際連合教育科学文化機関の調査によれば（二〇一一年）、世界の二〇四か国のうち学年開始が四月なのは日本を含めて四か国のみで、全体の二・〇％にすぎなかった。欧州諸国やアメリカをはじめ、九月（五一・五％）や一〇月（一〇・三％）が学年開始の国も少なくない。それだけでなく一二か月のなかで学年開始がなかった月は一一月と一二月だけだったという（佐藤、二〇一五年、一三頁）。そのため日本の多くの大学では近年、四月入学のほかに九月や一〇月の秋入学もできるようになったが、それでもすべての国ぐにの事情に対応しているわけではないのである。

こうした学校組織の普遍化の試みは、国境を越えた国際連携の形でも進められている。たとえば国際バカロレア（ＩＢ）は加盟国の大学に入学するための資格を認定する制度であり、小国を多く抱える欧州を中心に開発された教育プログラムである。日本もこの制度に加盟して、一九七九年からスイス民法典にもとづく財団法人である国際バカロレア事務局が授与する国際バカロレア資格を有する者を、大学入学資格をもつ者として指定するようになった。この国際バカロレアの導入により、日本の生徒が海外の大学へ進学する機会の拡大や、日本の初等中等教育の教育課程や教育方法の改革に対する「合わせ鏡」としてのインパクトなど、日本の教育制度の国際化がいっそう進むことが期待されている。

また欧州連合（EU）は、学校組織の普遍化を広範囲にわたって進めており、「欧州高等教育圏」の構築をはじめ、欧州の域内外の学生や大学教員などの人的交流も積極的に進めている。それと並行して、学歴と職業との関連を標準化することを目指して、職業教育資格の分野で熟練工のレベルを中心に、国同士の国際的な相互承認作業を推進しているのも重要なことである。たとえば欧州委員会が二〇〇六年に制定した「欧州生涯学習資格枠組み」は、生涯学習のための資格枠組みとして、あらゆる職業教育の資格を欧州レベルで段階化し、最終的にそれらを教育のすべての領域の資格と比較できるようにすることを目指す取組であり、参加各国は（国によって温度差はあるけれども）この資格枠組みと参照可能な国家資格枠組みの制定を進めている（杉本、二〇〇四年、一〇八―一一二頁：木戸、二〇一五年、四〇―四二頁）。

(2) 制度的な特別措置

転換期の海外子女教育・帰国児童生徒教育　教育の国際化に関連した制度的な特別措置として、海外子女教育・帰国児童生徒教育と外国人児童生徒教育をとりあげてみよう。

海外子女教育とは、海外に在留する日本人（長期滞在者）が同伴する児童生徒のための教育を、また帰国児童生徒教育とは、海外に一年以上在留した後に帰国した児童生徒のための教育を意味する言葉である。海外に在留している義務教育段階の児童生徒数は二〇一四年現在七万六、五三六人を数えた。また初等中等学校に在籍する帰国児童生徒数は二〇一三年現在一万一、一四六人であった（文部科学省初等中等教育局国際教育課、二〇一五年ａ）。

海外で生活する日本の児童生徒の修学形態は、日本人学校、現地校、補習授業校の三つに大きく分かれる。日本人学校は日本国内の学校教育とほぼ同等の教育を行う全日制の教育施設である。日本人学校は在留邦人団体を母体にし、文部科学大臣が認定した教育施設だが、このほかに国内の学校法人などが母体になって海外に設置した同種の全日制の教育施設として、私立在外教育施設がある。補習授業校は週末に日本語で国語を中心に、施設によって算数・数学、理科、社会などの授業を行う定時制の教育施設であり、現地校や国際学校などに在籍する児童生徒の多くが通学している。

これらの在外教育施設は二〇一四年現在、日本人学校は世界五〇か国・地域に八八校、私立在外教育施設は八校、補習授業校は世界五四か国に二〇三校が設置されていた。七万六、五三六人の義務教育段階の児童生徒のうち、二万一、〇二七人は日本人学校、三万六、五二六人は現地校・その他、一万八、九八三人は補習授業校＋現地校等で学んでいた。なお地域別在籍者数の割合（義務教育段階）をみると、日本人学校在籍者の七九・六％はアジアであり、補習授業校在籍者の六七・九％は北米、二〇・五％は欧州であった。

海外子女教育はこれまで国内志向が強く、日本の学校教育と同じ教育を提供したり、帰国後の教育への円滑な適応を目指したりする教育を重視してきた。ところが近年では、現地社会から閉鎖的になりがちな日本人学校を開放して、現地社会との交流を進め、異文化への理解を深めて、国際性豊かな日本人の育成をはかっていくことが期待されている。そのため日本人学校などでは、所在国の言語や歴史・地理などの現地情報に関する指導をとりいれたり、現地校との交流活動を教育課程のなかに位置づけて、相互理解の推進に努めたりしている。

帰国児童生徒教育もこれまで、海外から帰国した児童生徒を対象に主に日本国内の学校生活への円滑な適応をはかることを目指してきた。そのため国立大学・学部の附属学校に帰国子女教育学級などを設置して（二〇一四年現在一三大学に小学校九校、中学校八校、高等学校五校、中等教育学校二校、計二四校）、帰国児童生徒の指導やそのための実践的研究を行ったり、担当指導主事や教員を対象にした研究協議会などを定期的に開催したりしてきた。帰国児童生徒特別枠を設定して入学者選考をする高等学校や大学も大幅に増えている。

ところが近年では、帰国児童生徒の海外における学習や生活体験を尊重し、その特性の伸長や活用を目指す教育も重視されるようになり、彼らの個に応じた教育と一般の児童生徒との相互啓発の両者を生かした帰国児童生徒教育の再構築がはかられている。また高等学校や大学などの入学者選考における特別枠の設定や選考の実施回数の増加、それから帰国児童生徒に対する日本語指導などに対応した教員定数の加配措置なども要請されている。

このような日本の教育事情を考慮して、独自の教育の仕組みやあり方を整備することを目指す制度的な特別措置は特定のグループを優遇するため、場合によっては多数派の人びとの反発を受けやすい。しかし海外子女教育や帰国児童生徒教育は、公教育のなかで義務教育や障害児教育などといった教育機会を公的に保障する制度的な特別措置と同様な位置にあると考えられる。海外で活躍する日本の人びとは今後もますます増加すると予想され、彼らが安心して活動するためには、その子どもの教育機会を国内外で整備するのは非常に重要なことである。次に注目する外国人児童生徒教育、つまり外国人（日本国籍を有しない者）が同伴する児童生徒に対する教育も、そうした制度的な特別措置の一つとして位置づけられる。

外国人児童生徒教育の背景　法務省入国管理局の統計によれば、日本の在留外国人は二〇一四年末現在二一二万一、八三一人を数え、総人口一億二、七〇八万人の一・六七％を占めていた。国籍・地域別にみると、中国（三〇・九％）の比率が最も高く、韓国・朝鮮（二三・六％）、フィリピン（一〇・三％）、ブラジル（八・三％）、ベトナム（四・七％）の順である。一九八四年以降の在留外国人数の推移をたどってみると、中国は急速に増加した後、二〇〇八年以降は横ばい状態にあり、韓国・朝鮮はピークの一九九〇年の六八万二千人以降減少している。フィリピンとベトナムは一貫して増え続けているのに対して、ブラジルは一九九〇年の改正出入国管理法の施行以後増加したが、ピークの二〇〇七年の三一万四千人以降は減少している（法務省入国管理局、二〇一五年、二一―二二頁）。

日本に居住することになった時期に注目すると、在留外国人はオールドカマー（旧来外国人）とニューカマー（新来外国人）に分類することができる。オールドカマーとは、日本の植民地政策に起因して日本に居住することになった在日韓国・朝鮮人や在日中国（台湾）人とその子孫である二世や三世たちであり、ニューカマーとは、一九七〇年代以降に来日し、長期滞在（定住）するようになった在留外国人とその子どもである。ニューカマーには七〇年代後半から増加した中国帰国者やインドシナ難民、九〇年代以降に急増したブラジルやペルーなどの日系人労働者や中国人留学生・研修生などのほか、国際結婚やビジネスのために来日し、居住するようになった人びとなども含まれる（二井、二〇一二年、三〇四頁；太田、二〇〇〇年、二八七頁）。

は、日本の学校で行う場合と外国人学校で行う場合の二つに大きく分けられる。一つ目の日本の公立学校における外国人児童生徒教育に目を向けると、日本国籍を有する日本人の場合、学齢期（六―一五歳）にある子どもの親または保護者は、子どもに義務教育を受けさせる法令上の義務がある。それに対して外国人は同伴する子どもの日本の義務教育への就学義務を課せられていないけれども、親や保護者が公立の義務教育諸学校への就学を希望する場合は教育機会が保障されている。外国人児童生徒も原則として①授業料の不徴収や②教科書の無償配付、③就学援助の措置、④教育内容などの面で日本の子どもと同様に扱われるのである。

ところが今日でも、学校によっては外国人児童生徒の受け入れに消極的な教育現場もあり、受け入れや進級、卒業認定の基準が不明瞭なため、彼らのなかに中学校の卒業資格をえることなく退学する者がいるのも事実である。外国人児童生徒の教育機会を制度的に保障するには、教育現場への財政補助などの具体的な支援はもとより、彼らと日本人児童生徒のどちらにもふさわしい学校教育のあり方を問い直し、それにもとづいて法令や教育の仕組みなどを整備する必要がある（二井、二〇一五年、七、一二頁）。文部科学省内に設けられた「初等中等教育における外国人児童生徒教育の充実のための検討会」が二〇〇八年に公表した報告書『外国人生徒教育の充実方策について』では、外国人児童生徒の就学支援や日本語指導、適応指導、地域における外国人児童生徒等の教育の推進が謳われている。しかし具体的な対応策の実施が不明確な施策が多かったり、日本の社会や文化への同化的教育の色彩がみられたりするなど、残された未解決な課題も少なくない（佐久間、二〇〇九年、四七－五〇頁）。

たとえば日本語指導についてみると、日本の公立の初等中等学校に就学していた外国人児童生徒数は二〇一四年現在七万三、二八九人であった。そのうち日本語指導が必要な児童生徒はニューカマーの子どもを中心に二万九、一九八人にのぼり、その母語はポルトガル語（二八・六％）、中国語（二二・〇％）、フィリピノ語（一七・六％）、スペイン語（一二・二％）が多く、これらの四言語で全体の八〇・四％を占めていた（文部科学省初等中等教育局国際教育課、二〇一五年b）。日本語指導に対する文部科学省の教育支援では、日本語指導が必要な外国人児童生徒が一定数在籍する学校に、日本語指導を担当する専任教員を特別に配置（加配）したり、日本語教室や国際教室を設置して、国語や社会などの特定の時間に対象となる子どもを原学級からとりだして行う日本語指導や、原学級での授業中に子どものそばについて学習を支援する個別指導などの実施を支援したりしてきた。しかし実際には、経験の乏しい担当教員が手探りで実践を行う場合が少なくないことや、外国人児童生徒を「お客さん」として処遇しがちなことなど、さまざまな問題が指摘されている。

また文部科学省の教育支援はこれまで外国人の集住地域を中心に実施されてきたが、日本語指導が必要な外国人児童生徒は実際には、日本全国の多数の市町村にもそれぞれ小規模な人数で散在しているという。そのためそうした散在地域における日本語指導では、①児童生徒数や使用言語の面で予測するのが困難な外国人児童生徒を受け入れるための体制の整備や、②必要な人材や予算の確保、③指導時間の確保や指導に必要な情報収集のための条件整備が、課題として指摘されている（大野、二〇一五年、一六一頁）。

さらに教育内容の面でも、日本の学校教育は外国人児童生徒の母語や母文化に十分配慮したものとはいえないのが実情である。日本人と外国人がともに暮らしやすい社会を築くには、外国人が日本の文化や慣習、社会生活のルールなどを守ってもらうのももちろん必要だが、それと同時に、彼らの文化や慣習などを尊重するのも非常に大事なことである。その意味では、彼らの文化的背景を尊重した支援教育の改善も強く求められている。日本語指導は学校教育法施行規則の改正（二〇一四年）により「特別の教育課程」として位置づけられたが、その意義や効用が外国人児童生徒教育の教育現場で目にみえる形で実現するのは当分先のことのように思われる。

外国人学校の改革課題　二つ目にとりあげる外国人学校とは一般に、国外で暮らす自国民の子どものために設置され、本国政府から援助を受け本国の教育制度や教育課程に従う学校を意味する言葉である（服部、二〇一二年、七三―七四頁；大野、二〇一五年、八―九頁）。ちなみに日本の海外子女教育を担う日本人学校も、この外国人学校に分類される。欧米諸国から来日した人びとは、それぞれ本国の教育制度や教育課程に沿った独自の民族学校や、多国籍の子どもを受け入れて特定国の教育課程に偏らない教育を行う国際学校（インターナショナル・スクール）を設置してきた。また一部のアジア諸国はインドネシア学校や中華学校、朝鮮学校、韓国学校などを設置して、それぞれの言語や文化を基礎にした独自の教育を行ってきた。ブラジル人学校もこの外国人学校に含まれる。なお外国人学校や国際学校、民族学校といった言葉は、専門用語として必ずしも厳密に定義されずに使われることもある。

これらの外国人学校のなかには法令上、学校教育法第一条に規定された学校、いわゆる「一条校」の認可を受けた私立学校もあるが、その多くは都道府県知事の認可を受けて設置、運営される各種学校である。そのため公的補助をはじめ、税制上の優遇措置や国家試験の受験資格などの面で、一条校との間に格差がある。そのほかにも上級学校への進学上不利になる場合があるとか、保護者の経済的負担がかなり大きいなど、さまざまな解決すべき課題が指摘されている。ただし欧米系の外国人学校や中華学校、朝鮮学校、韓国学校などのように、一条校になれば、日本の検定教科書や授業言語としての日本語の使用などの制約があるため、あえて各種学校から一条校への転換を目指さない場合も少なくない。また進学する大学や就職する職業をはじめ、外国人学校の卒業生の進路も多様であり、しかも必ずしも日本社会に定住するとは限らないのである。

ブラジル人学校についてみると、日本でも教育機関として認められるブラジル政府の認可校であっても、そのほとんどは日本の法令上有限会社であり、私塾に位置づけられるため、財政基盤は全体としてきわめて脆弱である。とりわけ二〇〇八年のリーマン・ショックにより財政難に陥った学校の閉鎖が相次いだが、各種学校の認可基準の緩和や弾力化などもあって、ブラジル人学校の各種学校化が順次進められている。そのほかにも「定住外国人の子どもの就学支援事業」（二〇〇九〜二〇一四年）や日本の教育制度との接続の円滑化など、行政によるさまざまな支援も行われている。しかしそうした支援の強化に加えて重要なのは、外国人学校ではどのような人びとが、どのような学習環境のなかで、何を目指してどのように学んでいるのかを、教育現場の実態に即して明らかにし、それをふまえた実効性のある教育政策を実施することである（児島、二〇一三年、九五―九六、一〇〇―一〇一頁）。

佐藤の指摘を参考にすれば、日本における外国人児童生徒に関する教育政策の特徴は、①教育現場からの要請に対応した対症療法的な施策が実施されてきたこと、②既存の日本の教育制度への適応が強調されたこと、③オールドカマーの児童生徒の教育とニューカマーの児童生徒の教育が別々に検討され、外国人児童生徒全体を対象とした教育政策が実施されてこなかったこと、④児童生徒の受け入れ体制や高等学校の入学者選考における特別枠などで地方自治体間に格差がみられること、⑤国際法の観点からみると母語や出身国の文化の教育保障が不十分なため、これまでの政策を見直す必要があることである。

今後の教育政策で最も重要なのは、外国人の子どもをこれからの日本社会の構成員として位置づけ、その教育を保障することを明確にし、そのための具体的な施策を着実に実施していくことである。そしてそれは同時に、これまでの日本の公教育を見直し、多文化社会化した日本社会にふさわしい教育のあり方を再構築する貴重な契機にもなるように思われる（佐藤、二〇〇九年、四二、四四—四六頁）。

教育の国際化では（その定義でも触れたように）、学校や大学などで行われる教育の内容や仕組みを、より洗練され、内容豊かで、しかも社会的・文化的背景や出身地の違いを超えて、すべての児童生徒や学生に広く適用できるようにしていく必要がある。文部科学省は日本の帰国児童生徒と外国人児童生徒の両者を対象に、彼らの個に応じた特色ある教育指導の開発や、一般の児童生徒との相互啓発を通じた国際理解や異文化理解を推進するために、研究協議会の開催や教育の国際化推進地域の指定などにとりくんでいるが、今後も教育現場の実情や意見、要望などを尊重しながら、それらの施策をいっそう充実することが強く望まれる。

(3) トランスナショナル教育の進展

ところで国境を越えて移動する教育活動の拡大は、こうした学校組織の普遍化や制度的な特別措置以外にもさまざまな問題や課題を生み出してきている。この国境を越える国際的な教育活動は教育の国際化そのものでもあるが、移動する教育活動のタイプに注目すると、①人、②教育プログラム、③教育の提供者の三つに大まかに分類することができる（**表5−2**）。

第一のタイプは、生徒や学生、教員、研究者、専門家などといった人の国際移動である。この人の国際移動の形態には、生徒や学生の短期留学への応募、交換留学プログラムへの参加、学生の職業資格や学位などの取得、国外の企業などの職場で仕事を体験するインターンシップへの参加などがある。教員や研究者、専門家などの場合は、教育活動や研究活動、技術支援、コンサルタント業務などの専門的な活動に携わることが多い。

第二のタイプは、講座やプログラム、資格取得課程や学士課程、大学院課程などの教育プログラムの国際移動である。教育プログラムの提供は外国の提供者と国内の提供者が提携して行うことが多いけれども、外国の提供者のみによる独立した事業の場合もある。また提供方法としては対面教育のほか、遠隔教育、あるいは両者を組み合わせた方法も実施されている。この教育プログラムの国際移動はツイニング・プログラムやフランチャイズ・プログラム、ダブル・ディグリー・プログラム、遠隔教育などの形で行われる。

第三のタイプは、教育の提供者自体の国際移動である。教育の提供者の国際移動は多様なプログラムや教員、教育運営業務の移動をともなうことが多い。また教育の提供者には、主に教育や研究、社会サービスの提供を目的とする各種の伝統的な教育機関のほかに、営利目的で教育プログラムや教育サービスを提供する企業や協会、ネットワークなども含まれる。この教育の提供者の国際移動

表5－2 トランスナショナル教育のタイプ

移動する教育活動のタイプ	移動の形態
人（生徒・学生、教員、研究者、専門家、コンサルタントなど）	短期留学（セメスター留学、単年度留学）、学位取得、研究活動、研究休暇（サバティカル）、コンサルティング活動など
教育プログラム(講座、プログラム、資格取得課程、学士課程、大学院課程など）	ツイニング・プログラム、フランチャイズ・プログラム、ダブル・ディグリー・プログラム、遠隔教育など
教育の提供者（教育機関、協会、企業など）	外国大学分校、バーチャル大学、大学の合併・買収、独立教育機関など

出所：OECD 教育研究革新センター・世界銀行、2008 年、29 頁の表 1.1 を参照して作成。

の形態には、伝統的な教育機関である外国大学の分校の開設をはじめ、バーチャル大学、大学の合併・買収、独立教育機関の設立などがある。

三つのタイプのうち、第一のタイプが人的なトランスナショナル教育だとすれば、第二と第三のタイプは組織的なトランスナショナル教育としてまとめることができるだろう。日本ではこれまで、国境を越える国際的な教育活動といえば、留学生の受け入れや日本からの海外留学など、人的なトランスナショナル教育が一般的であった。しかし社会のグローバル化にともない、教育プログラムや教育の提供者自体の国際移動など、組織的なトランスナショナル教育も次第に注目されるようになった。続いてこうした人的なトランスナショナル教育と組織的なトランスナショナル教育について、もう少し具体的な考察を進めてみよう。人的なトランスナショナル教育では留学生の受け入れと日本からの海外留学、高校生留学などについて、また組織的なトランスナショナル教育では、その改革課題や改善方策などについて考える。

(4) 外国人留学生・海外留学・高校生留学

留学生の受け入れと日本からの海外留学　人的なトランスナショナル教育のうち、主に高等教育レベルの教育活動、とりわけ外国人留学生の日本への受け入れや日本からの海外留学に注目すると、次のような特徴がみられる。

文部科学省の調査によれば、日本の大学などで学ぶ外国人留学生の数は二〇一四年現在一八万四千人を数えた。一九八三年に一万人だった留学生は九〇年には四万一千人、二〇〇〇年には六万四千人だったから、留学生の数はこの三〇年間に大幅に増加した。ただし二〇一四年の留学生総数一八万四、一五五人の内訳を経費別にみると、私費留学生九三・三%、国費外国人留学生制度による留学生四・五%なので、圧倒的多数は私費留学である（文部科学省、二〇一五年、三四一頁）。世界の主要国のなかで二〇一一年現在、最も多くの留学生を受け入れていたのはアメリカ（七六万人）であり、それにイギリス（四九万人）、フランス（二九万人）、中国（二九万人）、ドイツ（二七万人）

が日本（一四万人）よりも多くの留学生を受け入れる国として続いていた（文部科学省、二〇一四年a、三六六頁）。

国際教育機構（IIE）の機関誌*Open Doors*によれば、アメリカへの留学生九七万五千人（二〇一四／一五年）を出身国別に分けて並べると、上位から中国（三一・二％）、インド（一三・六％）、韓国（六・五％）、カナダ（二・八％）、ブラジル（二・四％）、台湾（二・二％）、日本（二・〇％）の順であり、日本を含めた太平洋をはさんだアジア地域からの留学生が圧倒的に多い（IIE, 2015）。日本への留学生もアジア地域からの留学生が圧倒的に多く、二〇一四年の留学生総数一八万四、一五五人のうち、中国（五一・三％）、韓国（八・六％）、ネパール（五・七％）、台湾（三・四％）の順である（文部科学省、二〇一五年、三四一頁）。

そうした留学生の受け入れに対して、二〇一二年に海外の大学などに在籍していた日本人学生の総数は六万一三八人であり、留学先別にみると、中国（二万一、一二六人）、アメリカ（一万九、五六八人）、イギリス（三、六三三人）、台湾（三、〇九七人）、オーストラリア（一、八五五人）、ドイツ（一、九五五人）、フランス（一、六六一人）などが多く、大半は欧米諸国に留学していた。なお一九八三年に一万八千人だった日本人留学生は九〇年には二万七千人、二〇〇〇年には七万六千人だったから、この三〇年間に大幅に増加した。ただしピークは二〇〇四年の八万二、九四五人で、その後は減少し、停滞気味である（文部科学省、二〇一五年、三四三―三四四頁）。

このように留学生の受け入れや送り出しには国によって大きな違いがある。留学生は学びたい国に出かけて、学びたいことを学ぶのが自然だから、国によって留学生の受け入れ数と送り出し数に、かなりのアンバランスがみられてもかまわないところがある。日本の場合、留学生の受け入れはアジア地域から、日本からの主な留学先は欧米と東アジア諸国だが、いずれにせよ世界的にみて、高等教育レベルの国境を越えた人的な教育流動はますます活発になってきている。

留学生政策の課題と方向　留学生受け入れの支援体制についてみると、日本学生支援機構は中国や韓国などで毎年、現地の学生や進学指導担当者などを対象とした「日本留学フェア」や「日本留学セミナー」を実施して、日本への留学に関する情報提供を行っている。また日本のすべての大学が共同利用できる「海外大学共同利用事務所」も設置され、日本の大学の情報提供や入学説明会などが行われている。文部科学省が日本学生支援機構と協力して二〇〇二年から開始した「日本留学試験」は海外で実施され、渡日前に入学許可を入手することができるので、留学希望者にとって利用しやすい試験である。

さまざまな支援プログラムによる国費外国人留学生の受け入れ強化のほか、私費外国人留学生や大学進学を目指して日本語教育機関で学ぶ就学生に対する学習奨励費（奨学金）の給付なども行われている。それに加えて英語による授業や特別コースの開設などといった留学生のための教育プログラムの充実や、留学生が帰国後母国において留学の成果をさらに高め、活躍するのを支援するために指導教員の派遣や情報提供なども進められている。「留学生三〇万人計画」(二〇〇八年)は、国として海外から優秀な留学生を積極的に受け入れる方針を示すことにより、国際化拠点大学の重点的育成や国内外の大学間連携、大学教員や学生の国際的な交流などの施策を戦略的に促進し、大学等の教育研究水準の向上による国際競争力の強化をはかろうとする取組である。この計画では二〇二〇年を目途に、三〇万人規模の留学生受け入れを目指している(文部科学省、二〇一四年a、三六五―三六八頁)。

今後の日本の留学生政策にとって重要なのは、潜在的な日本への私費留学希望者に対して、日本留学の動機づけを高めるような刺激(インセンティブ)や適切な留学情報などを提供することをはじめ、日本留学を促進する各種の方策をいっそう強化していくことである(佐藤、二〇一〇年、一九五―一九九頁)。たとえば留学前に私費留学希望者が奨学金やローン、学費免除などを予約できる仕組みは、留学生活の不安を解消し、日本留学の動機づけを高めるために効果的だと考えられる。それからインドネシアやタイなどといった非漢字圏からの留学生を確保するためには、日本語習得を前提としない英語による授業やプログラムの充実とともに、漢字圏からの留学生以上に留学前や来日後の日本語学習を支援する必要がある。日本語で意思疎通ができる能力は、専門分野の知識や技能、態度の習得だけでなく、日本の文化や社会を学び、留学生活を豊かなものにするのにも役立つからである。

留学生は地域社会で日常生活を営む生活者でもあるから、地域社会の協力をえて、彼らを生活者として暖かく迎え入れ、安心して生活できるような環境づくりにとりくむことも求められる。さらに人種や国籍を理由とするアパートの入居拒否、銀行口座の開設拒否、配偶者への日本語指導や子どもの就学支援などといった家族に対する支援不足などは、留学生だけでなく在留外国人にも共通する課題であり、早急な対応が要請される。その意味では日本の国際競争力を強化するために、三〇万人規模の大量の留学生受け入れ、優秀な人材の日本社会への定着を本気で目指すのならば、日本は留学生政策に並行して、移民政策にも正面から本格的に向きあう時期にきている（栖原、二〇一〇年、一六―一八頁）。

日本からの海外留学支援策の拡大　続いて日本人学生の海外留学に対する支援策についてみると、文部科学省は国費による日本人学生の海外派遣制度を設けて、社会のグローバル化に対応できる優秀な人材の育成をはかるとともに、外国政府などの奨学金により留学する日本人学生の募集や選考にも協力している。また海外の大学に一年以上留学して修士や博士の学位取得を目指す学生に奨学金を給付する日本学生支援機構（ＪＡＳＳＯ）の「留学生交流支援制度（長期派遣）」と並んで、大学間交流協定などにもとづいた留学生相互交流（受け入れと派遣）を推進するために、外国人留学生や海外の大学へ派遣される日本人学生を支援する奨学金制度である「留学生交流支援制度（短期受け入れ・短期派遣）」も設けられている（文部科学省、二〇一四年a、三七〇頁）。

多くの日本人学生が海外留学をはじめ、海外でのさまざまな学習を経験するのは人間形成にとって非常に重要なことである。そのため大学のなかには、留学情報を新入生向けの冊子に掲載したり、留学に出発する前から、帰国後の就職活動をみすえた研修を実施したりして、学生の留学を促進したり支援したりするところがみられるようになった。留学中の学費を免除したり、留学希望者を対象にした奨学金制度を設けたりしている大学や、学部教育段階で一定期間の海外留学を義務づける取組を実施しているところもある。こうした海外での学習経験をいっそう促進するためには、これまで以上に学校組織の普遍化、つまり双方の大学の学年歴や教育課程の構成などの見直しや、学生の単位互換や転入学の手続きの標準化などが求められる。

そのほかに、国境を越える人的なトランスナショナル教育をいっそう推進するために、欧州では一九八七年から欧州域内の連携を強化し、「ヨーロッパ人」の形成を目指したエラスムス計画（ERASMUS）が実施された。これは欧州域内の学生や研究者の自由な交流や移動を促進するための奨学金を用意し、学生の負担を軽減するために履修単位や卒業資格の相互承認をはかり、労働市場における人材の確保と潜在的な人的資源の有効活用を促進する政策である。このエラスムス計画はその後、一九九六年から二〇〇六年まではソクラテス計画の一部に位置づけられたり、世界各国を対象とした留学奨励をはかるエラスムス・ムンドゥス（二〇〇四―一三年）やエラスムス・プラス（二〇一四―二〇年）として展開されたりして、それなりに効果をあげてきたといわれる（北村、二〇一六年、五〇、五三頁）。

アジア・太平洋大学交流機構（UMAP）は、そのいわばアジア・太平洋版として九一年に発足した域内連携の試みの一つである。この機構には東アジアや東南アジア、オセアニアの諸国をはじめ、アメリカやカナダ、ロシア、チリなどを含む二九か国・地域が参加している。もっとも、エラスムス計画は共通の枠組みにもとづく学位制度や単位互換制度などを整備して、主に域内の高等教育の標準化を目指す取組だが、アジア・太平洋大学交流機構は域内の地理的非連続性や文化的・歴史的距離、経済格差、教育制度の多様性などもあり、そうした多様性をふまえた上で、知見や経験などを分かち合って共有化する段階にとどまっている（北村・杉村、二〇一二年、二五六頁）。

生徒のトランスナショナル教育をめぐる課題　人的なトランスナショナル教育のうち、近年盛んになった高校生留学を中心に、初等中等教育段階の国際的な教育流動にも注目してみよう。

日本の高校生のなかで二〇一三年に外国の高等学校へ三か月以上留学した者は三、八九七人、海外研修旅行者、つまり語学などの研修や国際交流などを目的として外国の高等学校などに三か月未満の旅行に出た者は三万八、一五二人を数えた（文部科学省初等中等教育局国際教育課、二〇一四年）。

また二〇一三年に海外修学旅行を実施した高等学校は延べ一、三〇〇校で、一六万八、六六八人の生徒が参加した。そのほかに、文部科学省は高校生などの留学生交流や国際交流を推進するため、高校生の留学促進事業やグローバル人材育成の基盤形成事業を実施している。

高校生留学には次の三つの点で、大学生の海外留学とは違った面があるという（杉本、二〇〇四年、一〇七―一〇八頁）。第一に、高校生留学では日本の斡旋団体と現地の受け入れ団体により、まず受け入れ先のホスト・ファミリーが選定され、留学先はその家庭のある学区の高等学校などになることが多い。これは①高等学校の教育内容や教育課程が高等教育と比べてそれほど専門的でないこと、②留学先として特定の高等学校で学ぶことよりも、生活の安定と安全が第一の前提であることなどを考えれば当然のことかもしれない。

第二の違いは、高校生は大学生に比べて（個人差は大きいけれども）、語学力とアイデンティティ（主体性）の確立の面で、相対的に未熟な場合が多いことである。そのため留学先の家族や学校、友人、斡旋団体などとの間でトラブルや誤解が生じやすかったり、深刻な結果を招いたりする場合がある。

第三に、高校生留学は帰国後に日本独特の受験勉強が要求される大学進学をひかえていることもあり、それが高校生の留学期間や現地での学習内容を左右する面も少なくない。帰国後日本で一般的な大学受験をする進学ルートのほか、通常二年以上の海外教育経験を生かして大学の帰国児童生徒特別入学枠を利用したり、外国の国際学校や国際バカロレア加盟校で大学入学資格を取得して、外国の国際バカロレア認定大学に進学したりする選択肢もあるが、いずれも早い段階での明確な意思決定が求められるからである。

なお初等中等教育段階の国際的な教育流動では、社会のグローバル化の進展にともなって導入された、海外子女教育・帰国児童生徒教育や外国人児童生徒教育の改善充実も非常に重要な課題だが、それらの動向と課題については日本の教育事情を考慮した独自の制度的な特別措置としてすでにまとめているので、ここでは省略する。

(5) 組織的なトランスナショナル高等教育の可能性

組織的なトランスナショナル教育、つまり教育プログラムの組織的な国際移動や教育の提供者である教育機関の国際移動は、初等中等教育よりも高等教育のレベルでとくに顕著にみられる（杉本、二〇一四年の第一章を参照）。日本ではこれまで、高等教育レベルの国境を越える国際的な教育活動といえば、留学生の受け入れや日本からの海外留学などの人的なトランスナショナル高等教育が一般的であった。しかし社会のグローバル化にともない、組織的なトランスナショナル高等教育も次第に注目されるようになった。

教育プログラムの国際的展開　教育プログラムの国際移動についてみると、日本でもダブル・ディグリー・プログラム、つまり外国の大学と教育課程を相互に連携させて、双方の大学で一定期間の教育や研究指導を行い、最終的に双方の大学が学位を授与するプログラムを導入する大学が増えてきている(文部科学省、二〇〇九年、二三頁)。二〇〇七年には六九大学がアジア(九七件)や北米(三六件)、欧州連合(二一件)などの大学と、計一五八件のダブル・ディグリー・プログラムを実施していた。二〇一一年から開始された文部科学省の「大学の世界展開力強化事業」は、海外の大学との単位互換やダブル・ディグリー・プログラムの実施など、海外の大学と協働教育プログラムを構築する大学を支援する事業である(文部科学省、二〇一四年a、二二八頁)。こうしたプログラムは、大学にとって相互の大学の優れた取組の融合による相乗効果が期待できるだけでなく、学生にとっても短期間で複数の学位を取得でき、将来のキャリア形成に役立つなどのメリットがあり、今後も質の保証に留意しながら、各大学が積極的にとりくむことが期待されている。

ASEAN工学系高等教育ネットワークは、二〇〇一年に国際協力機構(JICA)のプロジェクトとして形成された国際的な大学間ネットワークの一つである。これは東南アジア諸国連合(ASEAN)一〇か国の主要一九大学と日本国内の支援一一大学による工学系の域内交流の枠組みで、アセアン諸国において工学を振興することにより持続的発展をはかることを目的としている。二〇〇八年に終了した五年間の第一フェーズでは、留学プログラムによる学位取得(修士三一一名、博士一三四名)を通じた参加大学の大学教員の能力強化など、多くの成果が生まれ、継続して五年間の第二フェーズ（二〇〇八―一三年）と第三フェーズ（二〇一三―一八年）の事業が実施されている（文部科学省、二〇〇九年、二九頁：国際協力機構人間開発部、二〇一三年、ⅱ―ⅳ頁）。

日本の大学海外校・外国大学日本校のゆくえ　イギリスやオーストラリア、あるいはアメリカの大学のなかには、国外に分校を積極的に開設するところも少なくない。文部科学省は制度を整備して、日本の大学が外国で学部や研究科、学科などを開設して教育活動を行う場合、大学設置基準などを満たせば日本の大学の一部（海外校）として位置づけられるようにした。しかし各大学がこの制度を活用してどのような国際展開をするようになるのか、その今後の見通しは必ずしも明確ではない。

また日本国内では一九八〇年代以降、アメリカ大学の分校があいついで開学したが、その多くは閉校を余儀なくされ、存続しても伸び悩んでいるところが少なくない。そうした停滞の背景の一つとして、アメリカ大学日本校が日本の学校教育法で定める正規の学校ではなく、卒業しても日本の大学卒業の資格をえられないことが指摘されている。

文部科学省は当該国大使館などを通じて確認の上、「外国の大学、大学院又は短期大学の課程を有するものとして当該外国の学校教育制度において位置づけられた教育施設」（通称、外国大学日本校）として指定した日本国内の外国大学分校については、課程修了者に対する日本の大学院等への入学資格の付与や、修得した単位の日本の大学等との単位互換などを認めている（文部科学省、二〇〇九年、二四―二五頁)。しかしこれらの外国大学分校が今後日本でどの程度定着するのか、その今後の見通しもきわめて不透明な状況にある。

国境を越える国際的な教育活動の拡大は、トランスナショナル教育の質保証や適格認定のための適切な仕組みの構築、学位や資格等の認証に関する問題など、国内の教育状況の改善や充実を中心にした従来の教育改革では対処できない多種多様な問題や課題を提起している(OECD教育研究革新センター・世界銀行、二〇〇八年、四二―四六頁、二一一―二一四頁:文部科学省、二〇〇九年、二四―二五頁などを参照)。今後の教育改革では、日本社会にふさわしい明確な将来構想(グランドデザイン)をふまえ、豊かな財政支援の裏打ちがある実質的な教育政策の推進と、個別の学校や大学などにおける独自の理念と方針にもとづいた特色ある取組の積極的な展開が望まれる。

第六章　学校と生涯学習体系の構築

1　生涯学習論の登場と普及

(1) 学校中心の教育に対する批判と生涯学習

教育制度は広義には、教育に関するすべての社会的な枠組みや仕組みを含むけれども、その中心に位置するのは学校制度である。第二次世界大戦後、どの国でも学校教育の発展は社会や国民にとって望ましいことだと考えられ、その整備拡充がはかられてきた。それは日本も例外ではない。ところが実際には、学校教育の量的な拡大は予想された望ましい結果を必ずしももたらさなかった。それだけでなく、学校教育のさまざまな場面でひずみやあつれきが目につくようになり、近代教育の限界や教育のあり方そのものも問われるようになった。

第六章では、そうした学校中心の教育に対する批判から、生涯学習という考え方にもとづいて教育制度全般を見直し、再構築しようとする改革の動向に注目してみよう。なお学校制度の問題を分析する際には通常、初等中等教育の学校と高等教育の大学（短期大学と高等専門学校を含む）を区分して論じるのが一般的だが、この章では高等教育を学校教育の最終段階として位置づける見方を前提にして学校教育のあり方を見直し、日本の教育とその改革のゆくえをあらためて幅広い観点から展望してみたい。

「生涯教育」とか「生涯学習」という言葉は一九六〇年代以降、国際連合教育科学文化機関（UNESCO：ユネスコ）や経済協力開発機構（OECD）などの国際機関が主導的な役割を果たすことによって発展してきた教育の考え方であり、世界の多くの国ぐにで教育改革を進める際によりどころの一つとなってきた。とくに近年は改革の焦点が教育から学習に移るとともに、これまで教育から疎外されていた人びとが学ぶことや人としてよりよく生きること、またそうした学習機会を可能にする条件の整備などが、各国の教育政策でとりくまれている。日本についてみると、七〇年代にとりいれられた「生涯教育」という考え方は八〇年代以降、政策的には「生涯学習」と表現されるようになり、その促進のための基盤整備が進められてきた。さらに九〇年代以降は、生涯学習の促進を目指してさらなる基盤整備に加えてさまざまな振興策が実施されてきている。

(2) 生涯学習のイメージ――内閣府の世論調査

はじめに、近年の日本人の意識に映った生涯学習のイメージや実施状況を確かめておこう。内閣府政府広報室は全国の二〇歳以上の日本国籍を有する者三千人を対象に、二〇一五年に実施した「教育・生涯学習に関する世論調査」の概要を公表している。この調査の目的は教育・生涯学習に関する国民の意識を調査し、今後の施策の参考とすることであり、ほぼ同様の調査が一九八八年以降の三〇年ほどの間に三〜七年間隔で計七回実施されてきた。その結果をみると、日本人の生涯学習には、次のような特徴がみられる（内閣府政府広報室、二〇一六年）。

第一に、この一年くらいの間に生涯学習をしたことがあると回答したのは調査対象の四七・五％で、ほぼ半分を占める。この調査では生涯学習という言葉をあらかじめ定義して回答を求めているわけではない。その代わりに、生涯学習の実施状況を具体的な活動を例示して聞いているので、その結果から日本人の描く生涯学習のイメージと実施状況をまとめてみると（複数回答）、最も多いのは「健康・スポーツ（健康法、医学、栄養、ジョギング、水泳など）」（二一・〇％）である。次いで「趣味的なもの（音楽、美術、華道、舞踏、書道、レクリエーション活動など）」（一八・八％）、「職業において必要な知識・技能（仕事に関係のある知識の習得や資格の取得など）」（一一・九％）、「教養的なもの（文学、歴史、科学、語学など）」（九・〇％）が続いている。

こうした実施状況の分布に対応して、生涯学習をした理由で多かったのは（複数回答）、「その学習が好きであったり、人生を豊かにしたりするため」(五四・八％)、「健康の維持・増進のため」(四三・二％)、「他の人との親睦を深めたり、友人をえたりするため」(三二・一％)、「現在の仕事や将来の就職・転職などに役立てるため」(二八・〇％)などである。

第二に、生涯学習をした場所や形態を多い方から並べると(複数回答)、「公民館や生涯学習センターなど公的な機関における講座や教室」(三九・九％)、「自宅での学習活動(書籍など)」(三一・三％)、「同好者が自主的に行っている集まり、サークル活動」(三〇・二％)、「カルチャーセンターやスポーツクラブなど民間の講座や教室、通信教育」(二九・六％)、「職場の教育、研修」(二五・九％)の順である。それらに比べると「図書館、博物館、美術館」(一二・九％)や「学校(高等学校、大学、大学院、専門学校など)の公開講座や教室」(一一・三％)、「学校(高等学校、大学、大学院、専門学校など)の正規課程」(五・五％)は相対的に少ない。

第三に、社会人の学び直しの実施状況についてみると、調査対象のうち、学校を出て一度社会人となった後に、大学や大学院、短期大学、専門学校などの学校で「学んだことがある」(現在学んでいる)者は一九・一％、「学んだことはないが、今後は学んでみたい」者は三〇・三％であり、両者をあわせてほぼ半分の四九・四％を占めている。このように社会人の学び直しを肯定的にとらえているのは、男性(四七・八％)よりも女性(五〇・八％)の方がやや多く、年代別では三〇代(六三・七％)と四〇代(六三・一％)に多い。ちなみにその後は五〇代(五八・二％)、六〇代(四六・七％)、七〇歳以上（二八・五％）の順に低下する。

なお社会人として学校で学び直したいと考えた理由で多かったのは（複数回答）、「教養を深めるため」（五一・八％）や「今後の人生を有意義にするため」（四八・八％）であり、「就職や転職のために必要性を感じたため」（二八・四％）や「現在または学んだ当時に就いていた職業において必要性を感じたため」（二五・一％）は相対的にやや少ない。また（学習の形態を問わずに）機会があれば学び直したい学習の内容で多かったのは（複数回答）、「外国語に関すること」（三一・三％）や「医療や福祉（保育、介護など）に関すること」（二七・〇％）、「日本や世界の歴史・地理に関すること」（二六・六％）などである。

第四に、生涯学習の振興方策として、国や地方自治体が力を入れるべきだという回答が多かったのは（複数回答）、「生涯学習のための施設の増加（公民館や図書館、学校施設の開放など）」（四〇・六％）や「仕事に関係のある知識の習得や資格取得などに対する経済的な支援」（三三・八％）、「生涯学習に関する情報提供の充実」（三三・三％）、「生涯学習を支援する人（図書館や博物館、生涯学習に関するNPOの職員など）の育成や配置」（三二・二％）、「労働時間の短縮や生涯学習活動のための休暇制度などの充実」（二九・五％）、「情報端末やインターネットを使った生涯学習活動の充実」（二七・三％）などである。

日本の生涯学習のイメージをあらためて簡略にまとめてみると、日本の成人の半分が生涯学習を経験している。活動の内容で多いのは健康・スポーツや趣味的なもの、教養的なものであり、仕事に関係のある知識の習得や資格の取得などはそれほど多くない。また生涯学習をした場所や形態で多いのは、公民館や生涯学習センターなどの公的な機関や、カルチャーセンターやスポーツクラブなどの民間の講座や教室、自宅での学習活動、同好者の自主的な集まりやサークル活動などである。それに比べると、職場の教育や研修、図書館や博物館、美術館、それから高等学校や大学などの学校の公開講座や教室、正規課程は相対的に少ない。

さらに日本の成人のほぼ半分は大学や専門学校などの学校で社会人として学び直したり、今後学んだりしてみたいと回答している。その理由で多いのは教養を深めたり、今後の人生を有意義にしたりするためであり、就職や転職、職業上の必要性は相対的にやや少ない。なおここで紹介した内閣府の世論調査は、いずれの質問項目も選択肢から回答する質問紙調査なので、どの程度調査対象の意識を正確にすくいあげているのか分からないが、生涯学習の振興方策にもさまざまな意見が寄せられている。

(3) 生涯教育論の登場

生涯教育や生涯学習は一九六〇年代以降（すでに述べたように）、国際連合教育科学文化機関（ユネスコ）や経済協力開発機構などの国際機関が主導的な役割を果たすことによって発展してきた教育に関する代表的な考え方の一つである。

生涯教育の構想はP・ラングランによって提唱された。彼は一九六五年に開かれた第三回ユネスコ成人教育推進国際委員会において、「エジュカシオン・ペルマナント（恒久的教育）」の重要性を提起し、教育は人間存在のあらゆる部門で行われるものであり、人生を通じて行われなくてはならないものであることを指摘した。またそのためには、学校教育や社会教育などのさまざまな教育活動を区分している壁をとりはらい、青少年教育と成人教育、一般教育と職業教育を一致させる必要があることを主張した。

なおラングランのいう恒久的教育はライフロング・エデュケーションと英訳されることが多く、日本では生涯教育という訳語が定着している。この生涯教育の構想は学校教育のあり方と対立するものではなく、学校やそのほかの教育機関を若い世代だけでなく、幅広い年代の多くの成人が求める学習要求にも応えるように整備し、学校教育や社会教育（成人教育）を包括した教育全体の再構築を目指す考え方である。今日では、学習者の主体性を尊重する観点から、この言葉に代えて、生涯学習（ライフロング・ラーニング）が専門用語としてよく使われる（南部、二〇一一年、一二八―一二九頁：永井、二〇一五年、二一六―二一七頁）。

ユネスコはこのほかに、七二年に報告書『*Learning to be*』（日本語訳は『未来の学習』）を出版している。この報告書では、将来的な社会と学校との関係のあり方として「学習社会」が提唱され、生涯教育はその中心的な新しい教育の考え方として位置づけられた。新しい教育の基本原則は①生きることを学ぶこと、②生涯を通じて新しい知識を吸収できるように、学習することを学ぶこと、③自由にかつ批判的に考えることを学ぶこと、④世界を愛し、それをより人間的なものにすることを学ぶこと、⑤創造的仕事を通じてそのなかで自分を発達させることを学ぶことであり、そうした教育を生涯にわたって受けられる社会として、学習社会の建設を提案した（ユネスコ教育開発国際委員会、一九七五年、九八－九九頁）。

またユネスコ二一世紀教育国際委員会が九六年に公表した報告書『*Learning: The Treasure within*』（九七年出版の日本語訳は『学習：秘められた宝』）は、生涯学習を二一世紀の教育の中心として位置づけ、教育を再構築するための「学習の四本柱」として、①知ることを学ぶ、②なすことを学ぶ、③（他者と）ともに生きることを学ぶ、④人間として生きることを学ぶを掲げた。これらの四つの柱は不可分の一体をなしており、人生のすべての時期にあてはまるべきであり、それらを含む包括的な観点から学校教育を改革すべきことを強調している。それからフォーマルな教育とインフォーマルな教育は相互に豊かにしあう役割をもっているが、個人はむしろフォーマルな学校教育において、学習を続けていくために必要な技能や適性を身につけられることも指摘して、幼児教育を含む基礎教育や中等教育、高等教育の各学校教育段階の課題や役割を検討するとともに、将来への方向性を提案している（南部、二〇一一年、一二九－一三二頁：山﨑、二〇一四年、八－一二頁）。

(4) リカレント教育の提唱

生涯学習の国際的な発展をユネスコと並んで主導したのは経済協力開発機構である。同機構は一九六一年に、西欧や北米などの先進諸国により国際経済全般について協議することを目的に設立され、日本は六四年に加盟した。教育についてもさまざまな分野の研究や提言を行っているが、同機構の教育研究革新センターは七三年に公表した報告書『リカレント教育－生涯教育のための戦略』で、リカレント教育（リカレント・エデュケーション）を提唱した。それは個人の生涯にわたって多様な教育機会を提供するために、社会人が義務教育や基礎教育を修了後、必要に応じて（鮭が生まれ故郷の川に帰って行くように）教育に回帰する（リカレント）ことができるような仕組みの実現を目指す構想であり、教育を受ける期間と労働やレジャー、退職後の生活などを行う期間を交互にくりかえすという教育の考え方である。

リカレント教育は教育の考え方としては非常に魅力的であり、加盟各国の実情に応じて教育政策にも広く反映されたが、加盟国の経済成長の促進や個人のキャリア形成の向上にとって必ずしも十分な成果をあげることはできなかった。その後経済協力開発機構は九六年の報告書『万人のための生涯学習』をはじめ、生涯学習に関するさまざまな文書を公表し、一方で個人の多様な学習ニーズをふまえて、生涯学習の可能性をいっそう広げることを謳うとともに、他方で経済成長を促進させる戦略を提言した。その構想では、生涯学習は学校教育も含めた生涯にわたる学習を対象としており、生涯を通じた学習の期間を延長するだけでなく、学校教育は若い世代の生涯学習への準備を促すのに重要な役割を果たすことが強調されている。

そのためには生涯学習と学校教育との連携をはかる必要があるが、そのポイントは次の四点であるという。つまり①学校教育は体系的な生涯学習の一部を構成しており、他の段階の生涯学習と相互に連携している、②学習者中心の学習を進める、③学習者の学習への動機づけを重視する。とくに学校教育では勉強嫌いをなくし、継続学習の動機づけを促進する必要がある、④教育の目的は経済的なものだけでなく多様である。また生涯学習に対する学校教育の寄与として期待されているのは、学習者としての生徒が学校教育を経験することにより、「学び方を学ぶ」ことや生涯学習に対するやる気の習得など、生涯を通じて積極的に学習を継続することを支えるコンピテンス（能力）を身につけることである。学校を学習組織として体系的に変革するために、科学に基礎をおいた改革や教員の連携と協働、情報通信技術（ICT）の活用なども求められている（OECD、二〇一一年、一三〇―一三二頁：永井、二〇一五年、二二〇―二二一頁：前平、二〇一二年、二一三頁）。

⑸ 生涯学習体系構築の試み

こうした経済協力開発機構の活動は、ユネスコや世界銀行、欧州連合（EU）などの国際機関の提言や施策とも連動して、世界の多くの国ぐにの教育改革に（その影響力が実質的にどの程度なのかは別にして、各国の実情に応じてそれなりに）インパクトを与えてきた。たとえば日本についてみると、二〇一二年に公表された冊子『日本再生のための政策　ＯＥＣＤの提言』は、加盟国の経験を参考にして、日本の将来にとって最も重要な分野において鍵となる政策提言を示した日本向けの広報文書の一つだが、重要な分野として「教育と技能（スキル）」をとりあげ、生涯学習の強化についても次のように提言している（ＯＥＣＤ、二〇一二年、一二―一三頁）。

日本の強みの一つは教育であり、「生徒の学習到達度調査（ＰＩＳＡ）」でも優れた成績を収めている。しかし学習は学校で始まるのではなく、学校で終わるのでもない。日本でも、家庭の社会的・経済的状況にかかわらず、すべての子どもにできるだけ最良の人生のスタートを切る機会を与えるために、保育所と幼稚園を一体化し、首尾一貫した教育の枠組みを構築する努力が肝要である。また生涯学習を強化するために、成人の資質や能力を高めてより効果的に活用することや、競争強化や国際化を通して高等教育の質を高めて若者の技能の向上をはかること、学歴を重視した教育から需要即応型生涯学習、つまり急速に変化する社会や経済に適応できる人材を育成する生涯学習へ移行することなどを目指す教育政策の実施が強く求められる。

欧州連合と欧州諸国も近年、教育・訓練政策を統合した「教育・訓練ワークプログラム」を策定して、学校教育や職業教育訓練、高等教育、成人教育の見直しを進め、職業との関連を非常に重視した包括的な生涯学習政策を進めている。欧州連合では、二〇〇〇年にリスボンで開催された欧州理事会で、二〇一〇年までに世界で最も競争力のあるダイナミックな知識を基盤とした欧州経済空間を実現することを目指した「リスボン戦略」を策定した。教育はこの戦略を達成するための重要な要素として位置づけられ、職業教育訓練分野では「コペンハーゲン・プロセス」、高等教育分野では「ボローニャ・プロセス」と呼ばれる教育改革が進行中である。

このうちコペンハーゲン・プロセスでは、欧州委員会が二〇〇六年に「欧州生涯学習資格枠組み（EQF－LLL）」を制定し、欧州各国の国民が生涯を通じて獲得することを期待されているコンピテンス（能力）を知識（knowledge）、技能（skills）、態度（competence）の三領域、八水準に分類して整理した。これは生涯学習のための資格枠組みとして、あらゆる職業教育の資格を欧州レベルで段階化し、最終的にそれらを教育のすべての領域の資格と比較できるようにすることを目指している。またボローニャ・プロセスでは、欧州高等教育大臣会議が二〇〇五年に「欧州高等教育圏資格枠組み（QF－EHEA）」を可決し、博士、修士、学士の段階別にその学位の修了を示す資格をまとめている。なお欧州生涯学習資格枠組みの上位の三水準は欧州高等教育圏資格枠組みの高等教育の各段階に対応し、レベル八は博士、レベル七は修士、レベル六は学士にそれぞれ相当する（岩田、二〇一二年、二一八－二二〇頁：木戸、二〇〇九年、一五九－一六〇頁：木戸、二〇一五年、三七－四〇頁：深堀、二〇一五年、一六頁）。

このような欧州諸国を中心とした包括的な生涯学習体系を構築する試みがどの程度成功するの

か、その先行きは不透明である。日本で同様の構築を試行しても、予想外の課題や障害などが生じて、早々と暗礁に乗りあげてしまう恐れもある。生涯学習の内容が職業や職業生活に傾きすぎれば、退職後の学習のあり方や学習内容とか、学ぶこと自体の楽しみを生かすための生涯学習などへの配慮が損なわれてしまうかもしれない。しかしそれは、多様な生き方を含んだ生涯学習社会を構築する方策を探求する有力な試みの一つであるようにも思われる。

2　日本における生涯学習政策の展開

(1)　生涯教育理念の導入

日本の教育政策で生涯教育や生涯学習といった言葉が使われるようになったのは、一九七〇年代以降のことである。その動向や特徴を審議会の答申を中心に簡略にたどってみよう（南部、二〇一一年、一三六―一三九頁：背戸、二〇一三年、一三〇―一三五頁：吉原、二〇一三年、一五八―一五九頁などを参照）。

社会教育のあり方を提言した社会教育審議会答申「急激な社会構造の変化に対処する社会教育のあり方について」（一九七一年）は、急激な社会変化に対処するために、「高度な学校教育を受けた人であっても、次々に新しく出現する知識や技術を生涯学習しなくてはならない」から生涯教育が必要であり、しかも生涯教育という考え方は、そうした生涯にわたる学習の継続だけでなく、家庭教育、学校教育、社会教育の有機的な統合も要求していることを指摘した答申である。また同年に公表された中央教育審議会答申「今後における学校教育の総合的な拡充整備のための基本的施策について」も、生涯教育の観点から学校教育全般にわたる基本構想と拡充整備の基本的施策を提言しており、そのために家庭教育、学校教育、社会教育を見直さなければならないことを指摘している。

さらに中央教育審議会答申「生涯教育について」（一九八一年）は、生涯学習を各人が自発的意思にもとづいて行うことを基本とし、必要に応じて自己に適した手段・方法を自ら選んで生涯を通じて行う学習と定義し、そのような生涯学習のために、自ら学習する意欲と能力を養い、社会のさまざまな教育機能を相互の関連性を考慮しつつ総合的に整備・充実するのが生涯教育の考え方であるとして、社会全体がこの考え方に立って学習社会の方向を目指すことが望まれると提言した。このように生涯教育を各人が生涯学習を行うことができる生涯学習社会を構築するための、いわば手段や条件整備として位置づける見方は、今日まで引き続き受け継がれているように思われる。

⑵ 生涯教育政策から生涯学習政策への転換

中曽根内閣直属の審議会として一九八四年に設置された臨時教育審議会は、戦後教育の総決算を目指して教育の全般的な改革を検討し、八七年までに四つの答申を公表した。そのうち第一次答申では、生涯学習体系への移行が教育改革の基本的な考え方の一つとして掲げられ、中高年齢人口の比重の高まりや国民の価値観の高度化と多様化、社会の情報化や国際化の進展などによって、生涯学習社会や働きつつ学ぶ社会を建設することが日本にとって重要であることが強調された。また第四次答申では、生涯学習体系への移行の具体的方策が、①学歴社会の弊害の是正と評価の多元化、②家庭・学校・社会の諸機能の活性化と連携、③スポーツの振興、④生涯学習の基盤整備の四つにまとめて提言されている。

これらの答申にもとづく改革は（本書でもくりかえし言及してきたように）、西欧の近代教育を導入した明治初期の改革、第二次世界大戦後の教育改革との対比で、第三の教育改革ともいわれた。しかもこの第三の教育改革は一九七〇年代から今日まで、日本を含めた世界の多くの国ぐにで実施されてきた新保守主義（新自由主義）の立場に立つ「小さな政府」の教育政策とぴったり重なるところがある。なお臨時教育審議会の答申は一貫して「生涯教育」という言葉を避け、「生涯学習」を用いている。その後八七年には、答申をふまえて教育改革推進大綱が閣議決定され、生涯学習の基盤整備をはかるとともに、生涯学習体系への移行に対応するため文部省（現、文部科学省）の機構改革を行うことになった。実際に文部省はその翌年、社会教育局を改組して生涯学習局（現、生涯学習政策局）を設置し、同省の筆頭局と位置づけた。それと並行して、多くの地方自治体でも生涯学習を担当する部署が設置されることになった。

生涯学習の促進を目指す生涯学習政策は九〇年代以降も継続して実施されている。たとえば中央教育審議会答申「生涯学習の基盤整備について」（一九九〇年）を受けて、生涯学習の振興のための施策の推進体制等の整備に関する法律（略称「生涯学習振興法」）が同年に施行された。この日本ではじめて生涯学習という言葉を用いた法律は、生涯学習の振興を可能にする行政における推進体制の整備を目的とした法令であり、都道府県が生涯学習を振興するための諸施策を講じること、都道府県が文部省と通商産業省（現、経済産業省）の基準をふまえて特定地区における地域生涯学習振興基本構想を作成すること、都道府県に生涯学習審議会を設置することなどを規定している。またこの法令にもとづいて同年に文部省に設置された生涯学習審議会は、二〇〇一年に中央教育審議会に整理・統合されるまでの間に、生涯学習の振興策や地域における生涯学習機会の充実方策、今後の社会教育行政のあり方、生涯学習の成果を生かすための方策など六つの答申を提出した。

(3) 二一世紀の生涯学習政策の動向

二一世紀の生涯学習政策で重要なのは、二〇〇六年に全部を改正された教育基本法に、生涯学習の理念を謳う第三条「国民一人一人が、自己の人格を磨き、豊かな人生を送ることができるよう、その生涯にわたって、あらゆる機会に、あらゆる場所において学習することができ、その成果を適切に生かすことのできる社会の実現が図られなければならない」がもりこまれたことである。この

第三条の規定により、生涯学習政策は（実質的なインパクトは別にして、少なくとも理念の上では）、教育機会の均等（第四条）をはじめ、家庭教育（第一〇条）や幼児期の教育（第一一条）、社会教育（第一二条）、学校、家庭、地域住民等の相互の連携協力（第一三条）などを含めた非常に包括的な教育政策として位置づけることもできることになった。また第一七条の規定により、政府による教育振興基本計画の策定、その国会への報告と公表が義務化したのも重要な変化である。

その後の中央教育審議会の答申のうち、「新しい時代を切り拓く生涯学習の振興方策について――知の循環型社会の構築を目指して」（二〇〇八年）では、①個人の要望と社会の要請をふまえた、国民一人ひとりの生涯を通じた学習の支援と、②学校・家庭・地域が連携した社会全体の教育力の向上の二つが目指すべき施策の方向性として示され、具体的方策として多様な学習機会の提供や再チャレンジ可能な環境の整備、学習成果の評価の社会的通用性の向上、学校・家庭・地域が連携するための仕組みづくりなどが提言された。

(4) 生涯学習政策の構成――生涯学習社会の実現を目指して

こうした日本の生涯学習政策の構成を、『平成二五年度文部科学白書』を主な手がかりにして整理すると、次のようにまとめられる。この白書は二〇一三年に閣議決定された「第二期教育振興基本計画」をふまえて編纂されており、生涯学習政策については、第二部「文教・科学技術施策の動向と展開」の第一章「教育施策の総合的推進」と、第三章「生涯学習社会の実現」を中心に紹介されている（文部科学省、二〇一四年a、七四―七九、一〇三―一三三頁）。

はじめに生涯学習政策の概要を整理すると、文部科学省の教育政策では、教育基本法第一七条の規定により政府が策定する教育振興基本計画にもとづいて、教育基本法の理念の実現に向けたさまざまな施策が実施されている。第二期教育振興基本計画は二〇〇八年に策定された第一期基本計画後の社会情勢の変化や施策の実施状況などをふまえて策定された、二〇一三年度から一七年度までの五年間の計画である。

この基本計画では（前文にも謳っているように）、教育基本法第三条の生涯学習の理念をふまえて、一人ひとりが生涯にわたって能動的に学び続け、必要とするさまざまな力を養い、その成果を社会に生かしていくことが可能な生涯学習社会の実現を目指している。そのため今後の日本社会の方向性として、自立、協働、創造の三つの理念の実現に向けた生涯学習社会の構築を目指し、そのための教育行政の基本的方向性として、①社会を生き抜く力の養成、②未来への飛躍を実現する人材の養成、③学びのセーフティネットの構築、④絆（きずな）づくりと活力あるコミュニティの形成という、人間の生涯の各学習段階を貫く四つの横断的視点で教育のあり方をとらえ、必要な方策を整理している。なおその推進にあたっては、教育における多様性の尊重や生涯学習社会の実現に向けた「縦」の接続、各セクターの役割分担をふまえた「横」の連携と協働、教育現場の活性化に向けた国と地方との連携と協働にとくに留意していくことが重要だという。

二〇一三年度から五年間に実施すべき方策は、四つの教育行政の基本的方向性（ビジョン）、八つの成果目標（ミッション）とそれを測る成果指標、成果目標を達成するために必要な三〇の具体的な基本施策（アクション）に分けて位置づけられている。基本計画自体は全体として生涯学習社会の実現を目指しているので、どの方策も生涯学習政策に関連しているともいえるが、とくに関連が深いのは、第一の基本的方向性「社会を生き抜く力の養成」に含まれる成果目標1「生きる力の確実な育成（初等中等教育）」や、生涯を通じて学ぶことが期待される二つの成果目標、つまり成果目標3「生涯を通じた自立・協働・創造に向けた力の修得」と成果目標4「社会的・職業的自立に向けた能力・態度の育成等」、それから第四の基本的方向性「絆づくりと活力あるコミュニティの形成」に含まれる成果目標8「互助・共助による活力あるコミュニティの形成」に分類された基本施策である。

生涯学習社会の実現には、学校教育だけでなく、社会教育や家庭教育、そのほかのさまざまな場や機会における学習の充実やその環境整備が重要な課題になる。初等中等教育段階、とくに義務教育段階の学校教育では、多様で変化の激しい社会のなかで主体的、能動的に生きる力を育成するために、生涯にわたる学習の基礎となる確かな学力や豊かな心、健やかな体を育てるさまざまな基本施策の推進が計画されている。なお成果目標1に関連した基本施策には、幼児教育の充実や（障害のある子どもや海外で学ぶ子ども、帰国児童生徒、外国人児童生徒などの）特別なニーズに対応した教育の推進、子どもの成長に応じた柔軟な教育制度の構築などを目指す取組も含まれる。

生涯の各段階を通じて実施される基本施策のうち、生涯を通じた自立・協働・創造に向けた力の修得（成果目標3）については、男女共同参画社会の形成をはじめ、人権や環境保全、消費生活、地域防災・安全、スポーツなどの現代的・社会的な課題に対応した学習機会の充実を促進する基本施策が計画されている。あわせて民間教育事業者などの多様な主体が提供する学習機会の質の保証・向上の推進や、学習者が修得した知識や技能などを評価し、評価結果を広く活用する仕組みの構築も目指されている。

また社会的・職業的自立に向けた能力や態度の育成等（成果目標4）については、幼児教育から高等教育までの各学校段階を通じた体系的・系統的なキャリア教育の充実や、体験活動や外部人材の活用など地域社会や産業界などとの連携や協働を推進する基本施策が計画されている。再チャレンジを目指す社会人の学び直しの機会を充実するために、大学や大学院、専門学校などの生涯を通じた学びの場としての機能強化や、企業などの理解の促進や奨学金制度の弾力的運用を含めた学習環境の整備ももりこまれている。

互助・共助による活力あるコミュニティの形成（成果目標8）に向けた学習環境と協働体制の整備推進については、すべての学校区における学校支援地域本部や放課後子ども教室の設置などの学校と地域が組織的に連携・協働する体制の構築や、学校や公民館などの社会教育施設をはじめとする学びの場を拠点にした地域コミュニティの形成を目指す取組、地域における学び直しに向けた高等教育機関や生涯学習センターなどの学習機能の強化を推進する基本施策が計画されている。地域社会の中核的存在としての機能強化をはかる地域の高等教育機関への支援や、地域社会の協働による家庭教育支援の充実を推進する基本施策も含まれる。

(5) 日本の生涯学習政策の特徴と課題

日本の生涯学習政策の第一の特徴は、このようにきわめて多種多様な施策によって構成されていることである。それは生涯学習に関連した取組のうち、学校教育の充実以外の取組をまとめた『平成二五年度文部科学白書』の第二部第三章「生涯学習社会の実現」の記述にもよくあらわれている。というのもこの章では、社会教育推進体制の強化からはじまり、家庭教育支援の充実と青少年の健全育成の推進、大学をはじめとする多様な生涯学習機会の提供と充実などを経て、少子化対策や高齢社会への対応に加えて学校と地域における読書活動の推進をも含めた、現代的・社会的な課題に対応した学習等の推進に至るまで、驚くほど多様で、別の言葉でいえば雑多ともいえる施策が次々に紹介されているからである。

それは従来の多種多様な施策や第二期の五年間に実施すべき方策の要点を、あたかも「短冊」のように数行ずつの短文にまとめ、それらを適宜切り貼りしたり置きかえたりしてまとめた文書のようにもみえる。数多くの短冊をたばねて政策としてまとめるには、優れた基本的構想や政策全体を貫く発想が不可欠だが、その点で、生涯学習という考え方がどの程度役に立っているのかも大いに疑問である。それから官僚の無謬性の尊重、つまり官僚による行政的判断や実施手続きには基本的に誤りがないのだという気風や風土が定着しやすい近代官僚制組織の弊害も、こうして集約された生涯学習政策の全体像を分かりにくくしているのかもしれない。従来の先行する方策やまとめを抜本的に修正したり、場合によっては撤回したりしないまま、新たな教育政策を立案し、実施する作業を今後も長期にわたって続ければ、ますます玉虫色で焦点が定まらず、評価もあいまいな政策が生み出される恐れもあるように思われる。

第二の特徴は、第二期教育振興基本計画では、五年間に実施すべき方策を四つの教育行政の基本的方向性に沿って、八つの成果目標とその成果指標、三〇の具体的な基本施策に分けて位置づけているけれども、その内容や構成と同様に、この第三章の紹介でも形式的な記述でくりかえしが多く、読者にとって必ずしも読みやすいわけではなく、その内容や構成、論述の仕方などが体系的とはいえないところもある。また節や項の冒頭で、第二期教育振興基本計画における関連成果指標と計画策定後の主な取組と課題（ポイント）を掲げているが、それで文部科学省の取組の紹介が明確になったわけでもない。

こうした成果目標や成果指標を用いたまとめ方は第二期基本計画からで、第一期基本計画では採用されていないため、あるいは作成担当者の不慣れさが影響しているのかもしれない。また第二期基本計画の末尾にある「進捗状況の点検及び計画の見直し」でも、あらかじめ予防線を張っているが、教育政策を適切に推進するためには、教育政策の意義を広く国民に伝えたり、それぞれの施策を効果的にしかも着実に実施したりする手法や手続きなどの開発や改善にいっそうとりくむ必要がある。

第三に、政府の教育政策にとって重要なのは、日本社会にふさわしい明確な将来構想（グランドデザイン）にもとづいた教育政策を立案し、着実に実施していくことである。とくに生涯学習という考え方にもとづいて教育制度全般を見直し、生涯学習社会の実現を目指す生涯学習政策では、実現を目指す生涯学習社会の具体的なイメージや生涯学習体系における学校制度の位置と役割をはじめ、改革の全体像を明晰に描いた日本社会にふさわしい将来構想の構築が強く望まれる。

歯切れはよいかもしれないが実現するあてのないラジカルな教育改革よりも、漸次的な教育改革の着実な推進を支持する立場からみれば、これまでのその時々の政府の政策や方針などがまったくの誤りだったと否定的に判断しているわけではない。また（残念なことだが）教育制度や政府の仕組みをはじめとする近代組織が、どのように周到な準備と工夫を重ねても、人間を不十分にしか救えないことも十分に承知しているつもりだ。さらに極東にある貧しい大学の片隅でひっそりと生活してきた平凡で非力な研究者が身近な現状をふまえて、考えたり思いついたりできることは非常に限られているのも当然なことである。

しかしそうした立場からみても、政府は今後提供できる財源の縮小やそれにともなう政府の役割の低下をふまえた上で、政府が果たすべき役割の範囲と責任を明確にした生涯学習政策を立案し、着実に実施していくべきである。これまでの考察をふまえて、日本では生涯学習についてどのように考えたらよいのか、生涯学習社会の具体的なイメージや生涯学習体系における学校制度の位置と役割を中心に、いくつかコメントを加えてみたい。

3　学校と生涯学習体系の再構築に向けて

(1)　目標としての生涯学習社会の実現

日本における政府の生涯学習政策の動向をたどってみると、生涯学習社会の実現は道半ばで、いまだに目標あるいは理念の段階にとどまっているといってよいだろう。生涯学習という言葉には文脈に応じてさまざまな意味がこめられて使われ、実際の政策でも驚くほど多様で雑多ともいえる施策が次々に推進されてきた。また日本の生涯学習は学校教育と切り離されて拡大してきたところがあり、学習の内容も健康・スポーツや趣味的なもの、教養的なものが多く、仕事に関係のある知識の習得や資格の取得などはそれほど多くないのが特徴である。学習の場も公民館や生涯学習センターなどの公的な機関や、カルチャーセンターやスポーツクラブなどの民間の講座や教室が多いのに対して、職場の教育や研修とか、図書館や博物館、美術館などの利用者は相対的に少なく、大学や大学院、短期大学、専門学校などの学校で学び直す社会人の数もけっして多くない。

ところで、日本社会にふさわしい生涯学習のあり方を考える際には、なによりもまず目標としての生涯学習社会の具体的なイメージをある程度明確に描いてみる必要がある。教育基本法第三条の生涯学習の理念にならえば、生涯学習社会とは、一人ひとりが自己の人格を磨き、豊かな人生を送ることができるよう、その生涯にわたって能動的に学び続けることができ、その成果を適切に生かしていくことができる社会を意味する言葉である。それはこれからの日本の社会像として、知識基盤社会や成熟社会などといった特定の社会を想定するよりも、これからの時代を予測困難な時代ととらえ、どのような社会でもよりよく生きることができる人間像を重視する社会を想定している。

近未来の日本社会と教育改革　実際に一九八〇年代以降の日本の歩みをふりかえってみても、社会の動きは予想以上に速く、その見通しはきわめて不鮮明だったから、それぞれの時点で、将来の社会像を具体的なレベルでどのように詳細に描いたとしても、そうした社会にふさわしい生涯学習を鮮明に構想することはできなかったように思われる。しかしこの本では、現在世界各国で行われている教育改革、とりわけ「小さな政府」の教育政策の動向を国際比較の観点から批判的にたどり、それらを手がかりにして日本の教育改革のあり方を探ってきたので、この三〇年ほどの社会や教育の動向をふまえて、近未来の日本社会と教育改革の特徴を、次のように大まかにとらえておきたい。

結論から先にいえば、近未来の日本社会でも、「小さな政府」が社会のグローバル化に対応した国家政策を主導し、教育政策も「小さな政府」の考え方にもとづいて進められる。そしてその結果、さまざまな予想外の課題や問題が噴出してますます混迷の度を深め、教育改革の大幅な軌道修正を求める動きが加速されていくと予想される。

教育改革を左右する社会的背景のなかで近年、最も影響力があったのは社会のグローバル化である。この社会のグローバル化はまず経済の領域で顕著にみられるようになり、続いて政治や文化の領域もグローバル化してきた。教育改革との関連でとくに重要なのは、教育が国民国家や国民の将来の経済的繁栄にとって重要だとみなす、国際的な合意が生まれたことである。日本でも他の国ぐにと同様に、人的資本論や教育投資論が華やかだった六〇年代に劣らず、あるいはそれ以上に教育の充実による国家の経済的生産性の維持・向上が求められるようになった。それは基礎的な教科を中心とした認知的教育を改革して、国民の知的文化的基盤をいっそう充実・向上させ、人的資源の全体的な底上げをはかるとともに、先端的な学術研究の推進と科学技術の発展を目指すものである。

また(日本では注目されにくいが)、非認知的な教育である価値教育を通じて、多文化社会にふさわしい、ゆるやかな国民的アイデンティティを若い世代に身につけてもらうことも求められている。どの国も民族的構成や文化などの多様化が進んで、多文化社会としての特徴をもつようになったため、そうした社会にふさわしい国民国家として国家統合をはかる必要があるからだ。

教育改革を左右する二つ目の社会的背景は、世界各国の政府の役割が一九八〇年代以降、「大きな政府」から「小さな政府」に変わったことである。「小さな政府」とは、政府の権限を縮小し、国民のやる気や競争心、進取の気性を活用することが国民国家の発展にとって役に立つという立場から、国民の自助努力を社会発展の原動力として積極的に評価するとともに、市場競争の原理を重視して政府による市場への過度の介入を抑制し、政府規制の緩和や税制改革などにより競争促進を目指す政府である。日本では、この「小さな政府」による国家政策は中曽根内閣によってはじめられ、小泉内閣を経て安倍内閣まで、その間にたとえ政権政党の構成が変わることがあっても、引き続き実施されてきている。

このような社会の傾向は今後も当分の間継続すると予想される。そのため近未来の教育政策も引き続き、「小さな政府」の考え方にもとづいて行われていくと考えられる(たとえば広田他、二〇一二年、三〇七頁なども参照)。その特徴は、①教育の規制緩和や自助努力、市場競争の原理の導入、②アカウンタビリティ(説明責任)や学校評価、事後チェックの強化、③経済的な国際競争力の強化と高学歴人材の育成の三つにまとめて整理することができるだろう（本書の第一章2「社会変動と教育改革」を参照）。日本の教育政策ではこうした立場から、多種多様な改革がこれまでも試みられてきた。私はこうした社会のグローバル化に対応して「小さな政府」が主導してきた教育改革を全面的に否定するつもりはない。

しかしこの日本を含めて世界規模で進展した教育改革によって、日本の教育制度は時代や社会の変化に適切に対応するとともに、教育の本質に適ったものに改善されてきたのだろうか。とくに生涯学習政策では、学校教育だけでなく、教育機会の均等をはじめ、家庭教育や幼児期の教育、社会教育、さらに学校や家庭、地域住民などの相互の連携協力などを含めた非常に包括的な教育政策として位置づけることも謳われているが、そうした方向性が具体的な方策としてどの程度実現しているのかは大いに疑問であり、将来の見通しも不鮮明なままである。

豊かな生涯学習社会の条件

こうした教育政策に対する批判的な見方に共通するポイントの一つは、人的資本論や教育投資論にもとづく教育政策は、教育の充実による国家の経済的生産性の維持・向上を過度に強調するため、学習社会の構想の内容が貧しく、戦略的展望も単純化されたものになりやすいことである（リース他、二〇一二年、二四〇―二四三頁）。たとえば個人の経済的な社会生活にとって必要な知識や技能、態度の学習はもちろん重要なことだが、それ以外にも学ぶこと自体が楽しい学習も数多くある。また同じ職場で同じ条件の下に働く従業員でも、あるいは同じ退職した高齢者でも、その生き方や学習にとりくむ姿勢は彼らの生育歴や職歴、地域社会などの条件によって多様なことに配慮しなければ、豊かな生涯学習社会のイメージを描くことはできないのである。

その意味では、生涯学習政策は個人の要望と社会の要請をともに考慮して立案し、実施する必要がある。具体的にはさまざまな方策が考えられるが、たとえば日本の生涯学習政策では、民間のカルチャーセンターの奨励など、個人の要望に関連した政策として実施されてきた、個人の自己実現とか個人の趣味や教養を豊かにするための施策には実践の長い歴史と実績がそれなりにあるので、そうした従来の蓄積を活用して再検討し、生涯学習の内容を個人の要望と社会の要請の両面でいっそう豊かなものにするのは、一つの有用な方向かもしれない。

第二に、近未来の日本社会は、次のような特徴や仕組みを備えた社会であることが望まれる（本書の第三章4「価値教育のゆくえ」：アーノブ他、二〇一四年、六九三―六九六頁などを参照）。政治や社会のあり方で望ましいのは（平凡かもしれないが）、民主主義が尊重され、議会制民主主義を基本にしながら参加型民主主義の要素を加味した意思決定の仕組みを備え、社会を構成する人びとが人間の基本的権利の承認や、社会活動や私的生活、職業選択における個人的な意思決定の尊重、機会均等の重視などの価値観を共有している社会である。

また近未来の日本社会も他の先進諸国と同様に、複数の価値の共存を前提にした多文化社会の特徴をもつ国民国家として存続することを考えると、多文化社会にふさわしい知識や技能、態度を、その国に住む人びとが共有することも重要な条件である。それはたとえば国内の文化的多様性を積極的に評価する多文化主義の考え方を承認することであり、その立場から文化的共同体の構築を目指す考え方を是認することである。それから言語教育をはじめ、そのほかの基礎的な教科の教育の充実は個人の成長だけでなく、多文化社会の発展にとっても不可欠だという認識も、この共通の価値のなかには含まれる。日本という近代社会でスムーズに自立的な社会生活を送るには、日本社会で生活する人は誰でも、日本語をはじめ、それなりの基礎的な学力を身につけておく必要があるからだ。

さらにこのような特徴をもつ社会の仕組みや人びとを有する生涯学習社会を実現する上で、学校制度の役割、とりわけ国民国家や地方自治体などが管理運営し、公的に支援する公教育制度の役割は非常に重要である。「小さな政府」の教育政策が今後さらに進められても、政府が学校制度への関与を放棄することはないから、政府の教育政策が将来も学校制度のあり方を大きく左右することに変わりはない。また基本的に非営利組織である学校制度は、公的支援がなければ存続したり発展したりすることはできないので、政府は日本社会にふさわしい生涯学習社会の実現を目指して、自らが果たすべき役割の範囲と責任を明確にした生涯学習政策を立案し、着実に実施していくことを強く要請されるのである。

こうした西欧生まれの近代社会をベースにした近未来の日本の社会像や人間像が課題や矛盾に満ち、先行きが不透明で、それらの解決の見通しも定かでないのは容易に想像されることである。しかし将来の社会をどのように描くにしても、近代社会が長い時間をかけてその実現を目指してきた望ましい社会のあり方、つまり平等や公正の度合いを最大限に高め、民主主義を進め、人びとの想像力を解放することは非常に大切なことだと思われる（ウォーラーステイン、一九八五年、一六三頁）。そして教育はそうした社会の形成に正面からかかわることができるはずである。

⑵　生涯学習政策における学校制度の位置と役割

日本の生涯学習政策で考慮すべき第二のポイントは、生涯学習の拠点としての学校制度の生涯学習政策における位置と役割を明確にすることである。

生涯学習に関する国際機関の提言では早くから、一方で個人の多様な学習ニーズをふまえて、生涯学習の可能性をいっそう広げることを謳うとともに、他方で一国の経済成長を促進させる戦略をはじめ、社会の要請に応えるさまざまな方策を公表してきた。それらの構想では、生涯学習は学校教育も含めた生涯にわたる学習を対象としており、生涯を通じた学習の期間を延長するだけでなく、学校教育は若い世代の生涯学習への準備を促すのに重要な役割を果たすことが強調されてきた。

そのために学校教育は体系的な生涯学習の一環として、他の段階の生涯学習と相互に連携して、学習者中心の多様な学習機会を系統的に提供することを期待されるとともに、学校教育の学習では学習への動機づけがとくに重視されてきた。学習者としての生徒は学校教育を経験することにより、「学び方を学ぶ」ことや生涯学習に対するやる気の習得など、生涯を通じて積極的に学習を継続することを支えるコンピテンス（能力）を身につけることを期待されたのである。

ところで日本の学校制度の普及度を、平成二七年度学校基本調査（文部科学省）によって確認すると（二〇一五年）、中学校卒業者一一七万五千人のうち、高等学校進学率九八・五%、専修学校高等課程・各種学校進学率〇・二%、（家事手伝いや外国の高等学校などに入学した者などをまとめた）進学も就職もしていない者〇・七%、就職者〇・四%で、計九九・八%だった。なお同年の高等学校の学科別生徒数（本科）のうち、普通科在籍者は七二・八%を占めていた。また大学・短期大学進学率（浪人を含む）五六・五%、高等専門学校四年進学者〇・九%、（高等学校卒業を入学資格とする）専修学校専門課程進学者二二・四%だったから、一八歳人口の約五七%は大学・短期大学などに、また約二二%は専門学校に流入し、約二一%は社会人などになったので、それぞれのグループの希望や要望に適う学習機会をどのように整備するのかが、生涯学習政策の主要な課題になる。

日本の学校教育では法令上、小学校六年間と前期中等教育の中学校三年間の計九年間のみが義務教育だが、後期中等教育の高等学校三年間もほぼ準義務化している。それから日本の教育政策では、専修学校専門課程を高等教育に含める方針を採用していることなどを考慮すると、学校教育は初等中等教育と高等教育の二つに大きく分けて考えることができる。とくに生涯学習社会を実現するためには、初等中等教育と高等教育で何をどのような形で学んでもらうのかを明示する必要があるだろう。日本の生涯学習政策でも、こうした情報の提供と周知は機会をとらえて随所でくりかえし試みられてきた。しかし一般の人びとはもとより、教育関係者にも広く浸透していないところをみると、誰もが容易に理解できるように、学校制度の生涯学習政策における位置と役割を系統立てて分かりやすく紹介することが求められている。

生涯学習と初等中等教育の役割　臨時教育審議会の第二次答申によれば、生涯学習との関連で初等中等教育、とくに義務教育で重視されたのは、基礎・基本の徹底と自己教育力の育成である。それに加えて職業人育成のために、個性や適性に応じた進路選択の実施や職業能力開発も強調された。また教育機会や教育内容の多様化に対応して、指導方法の個別化や自主的で自発的な学習方法などが重視されていた。

こうした初等中等教育のとらえ方は教育法令の文言でも確認することができる。たとえば学校教育法第三〇条の二項では、小学校における教育では、「生涯にわたり学習する基盤が培われるよう、基礎的な知識及び技能を習得させるとともに、これらを活用して課題を解決するために必要な思考力、判断力、表現力その他の能力をはぐくみ、主体的に学習に取り組む態度を養うことに、特に意を用いなければならない」と規定し、生涯を通じて学習ができるように、学校教育において基礎的な知識や技能の習得と学習意欲の定着をはかろうとしている。

なお学校教育で獲得した学習成果については、社会教育法第三条において、すべての国民があらゆる機会、あらゆる場所を利用して、学校教育で身につけた基礎的な知識や技能を活用し、「自ら実際生活に即する文化的教養を高め得るような環境を醸成する」ことができるように、国や地方自治体は住民の生涯学習活動の支援に努めなければならないと規定している。つまり社会教育では、住民が協働し豊かな生活を送ることができるように、公民館や図書館、博物館などで意図的、計画的に学習プログラムを提供し、生涯学習の振興に寄与するように努めることにより、学校教育と社会教育は連携して人びとの生涯学習活動を推進することが目指されている。

生涯学習と高等教育の役割　日本の教育政策では、生涯学習は学校教育と切り離されて実施されてきたところがあり、生涯学習社会の実現を目指す第二期教育振興基本計画でも、第一期基本計画の成果と課題や教育行政の基本的方向性は、学校教育と生涯学習に分けてまとめられている。四つの教育行政の基本的方向性のうち、第一の基本的方向性「社会を生き抜く力の養成」では、予測困難な時代にあって、高等教育段階では、初等中等教育段階における生きる力の確実な育成の上に、課題探求能力の修得、つまり「答えのない問題」を発見してその原因について考え、最善解を導くために必要な専門的知識と汎用的能力を身につけるとともに、実習や体験活動などをともなう質の高い効果的な教育によって、知的な基礎に裏づけられた技術や技能などを身につけていくことなどが求められている。

「生涯学び続け、主体的に考える力を育成する大学へ」という副題のある中央教育審議会答申「新たな未来を築くための大学教育の質的転換に向けて」（二〇一二年）は、生涯学習政策における学校制度、とくに高等教育の位置と役割を正面から検討しようとした政策文書の一つなのかもしれない。というのもこの答申では、審議の基本的な視点として、「初等中等教育から高等教育にかけて能力をいかに育むかという視点」を設定し、次のような説明を加えているからだ。

この視点は、予測困難なこれからの時代をよりよく生きるための人間像と日本の将来の社会像に加えて、それらを実現し、維持し、向上させるために求められる能力を、初等中等教育から高等教育までの連携と役割分担よって育成するという視点である。そして高等教育段階で育成することが求められる重要な能力は、①（知識や技能を活用して複雑な事柄を問題として理解し、答えのない問題に解を見出していくための批判的、合理的な思考力をはじめとする）認知的能力、②（人間としての自らの責務を果たし、他者に配慮しながらチームワークやリーダーシップを発揮して社会的責任を担いうる）倫理的、社会的能力、③（総合的かつ持続的な学習経験にもとづく）創造力と構想力、④（想定外の困難に際して的確な判断をするための基盤となる）教養、知識、経験の四つである。

これらの能力は中央教育審議会答申「学士課程教育の構築に向けて」(二〇〇八年)で提示された「学部教育全体に共通する学習成果」、つまりいわゆる「学士力」の要素を参考にして作成されたものだという。またそれらが土台となって、未来社会の形成に寄与する力、つまり学術研究や技術、文化的な感性などに裏づけられた日本に固有のイノベーションを起こす能力、日本が生み出した固有の価値を異なる文化的・言語的背景をもった人びとに発信できる能力、異なる世代や異なる文化をもった相手の考え方や視点に配慮しながら意思疎通ができる能力などが育成されるという。

生涯学習と学校制度との関連　こうした日本の生涯学習政策で提言されたり、実施されたりしてきた学校教育の役割をかなり好意的に整理してみると、若い世代の学習者は、同世代のほぼ全員が就学する初等中等教育段階では、どのような社会でも主体的に生きるために必要な基礎的な知識や技能、主体的に学習する態度や方法などを身につけ、高等教育段階では、そうした生きる力の確実な学習の上に、①批判的、合理的な思考力をはじめとする認知的能力や、②人間としての自らの責務を果たし、社会的責任を担いうる倫理的、社会的能力、③創造力と構想力、④想定外の困難に際して的確な判断をするための基盤となる教養などを身につけることを期待されている。

なお高等教育段階の学習では、大学や短期大学、専門学校などで学ぶ学生や、高等学校卒業後に社会人として活躍する人びとなど、その立場の違いによって異なる希望や要望に応じた学習機会をきめ細かく用意する必要がある。また大学や大学院、専門学校などの教育機関は、若い世代の学習者だけでなく、再チャレンジを目指す社会人をはじめ、多様な職業生活に必要な知識や技能を身につけて、能力の向上や職業の選択や変更をはかったり、個人の自己実現とか趣味や教養などを豊かにすることを目指したりする人びとが学びやすい柔軟な学習環境を提供するために、生涯を通じた学びの場としての機能を大幅に強化することが求められる。

それに加えて、学校制度を含めた生涯学習体系を実質的に構築するためには、学校制度の弾力化を進めるとともに、学校制度とそれ以外の学習機会との有機的な接続や連携などを推進することも要請される。学校制度の弾力化とは、既存の学校制度の仕組みを基本的に維持しながら、学校をとりまく状況の変化に応じて、柔軟に学校制度を変化させたり、ときには例外措置を講じたりすることを意味する言葉である。日本の教育改革でも、才能教育や不登校生徒を対象にした特別の教育課程の編成などの例外措置や、小中一貫教育の導入などによる義務教育の弾力化など、学校制度の弾力化が部分的に実施されるようになった。

しかし生涯学習社会を定着させるためには、幼小・小中・中高・高大といった学校段階間の連携や接続をはじめ、教育課程や教育方法などの整合性の確保など、いっそう大がかりな学校制度の弾力化が求められる。さらに学校教育とそれ以外の学習機会、たとえば企業内教育や研修から、図書館や博物館、美術館などはもとより、公民館や民間のカルチャーセンターやスポーツセンターまで含めた、多種多様な学習機会との有機的な接続や連携を推進する仕組みを構築しようとすれば、あらかじめ地に足のついた周到な見取り図を構想し、その実現のために膨大なエネルギーを投入する必要があるだろう。

欧州連合と欧州諸国の試み　欧州連合と欧州諸国は近年、これと同趣旨の先行する試みとして、学校教育や職業教育訓練、高等教育、成人教育の見直しを進め、職業との関連をとくに重視した包括的な生涯学習政策を進めてきた（岩田、二〇一二年、二一八、二二六－二二九頁；木戸、二〇一五年、四〇－四七、五七－五八頁）。

欧州各国の教育制度の仕組みと職業教育の資格はどちらも非常に多様で複雑だが、この生涯学習政策では、二つの欧州レベルの資格枠組みを策定して、各国の職業教育の資格を段階化し、相互に比較できるようにすることを目指している。一つ目の欧州委員会が制定した「欧州生涯学習資格枠組み」は、あらゆる職業教育の資格を欧州レベルで段階化し、最終的にそれらを教育のすべての領域の資格と比較できるようにすることを目指した生涯学習のための資格枠組みである。もう一つの欧州高等教育大臣会議が可決した「欧州高等教育圏資格枠組み」は、高等教育のみを対象にした資格枠組みだが、その博士、修士、学士の各段階の水準は、欧州生涯学習資格枠組みの上位三水準、つまりレベル八、レベル七、レベル六に対応するように設定されている。そのため、たとえ各国の教育制度における特定の職業教育の資格の位置づけや役割に違いがあっても、欧州生涯学習資格枠組みの水準（レベル）を基準にして、それらを欧州レベルで相互に比較できるようにしたのである。

参加各国はそれぞれの状況に応じて（ローカライズして）、これらの二つの資格枠組みと参照可能な国家資格枠組みを制定することを要請され、たとえばドイツでは、「生涯学習のためのドイツ資格枠組み」（二〇一一年）と「ドイツの大学修了のための資格枠組み」（二〇〇五年）が策定された。こうした資格枠組みの設定により、学習者がすでに取得した資格や学位などを承認し、その後の学習成果を加算する仕組みの整備とか、学校教育以外の教育・訓練の学習成果の承認などが可能になるので、生涯学習がいっそう推進されると考えられている。実際に二〇一一年末の時点で、イギリスやフランスなどの一二か国が生涯学習のための国家資格枠組みを制定し、残りの欧州諸国も二〇一三年までに完了すると見込まれていた。そしてその結果として、各国の国内だけでなく、欧州レベルでも学習者の学習成果を加算する仕組みや単位互換累積制度を導入したり、教養教育や専門職業教育、職業教育を結びつけて、社会のあらゆる年齢層を対象にした継続教育を構築したりすることが可能になると期待されたのである。

ところが（第三者の目からみると）、こうした包括的な生涯学習体系を構築する試みがどの程度成功するのか、その先行きには非常に不透明なところがある。たとえば欧州生涯学習資格枠組みでは（すでに紹介したように）、欧州各国の国民が生涯を通して獲得することを期待されているコンピテンス（能力）を知識、技能、態度の三領域、八水準に分類して整理し、国境を越えて生涯学習の成果を共通化・標準化することを目指している。

しかし他方で、この資格枠組みにもとづいた国家資格枠組みの策定は各国の関係者によって行われ、そのコンピテンスを構成する項目や内容などの選定でも、各国の自主性と多様性が尊重される。しかも自主性と多様性の尊重は、各国の国家資格枠組みと国内の個別の教育機関や職業訓練機関、職場学習などの多様な学習機会との関係でも同じように想定されているのである。したがって学習者の学習内容や学習成果の評価方法などを国レベルで一律に共通化・標準化し、その厳密な適用をそれぞれの教育機関に強く求めるわけではないので、政策の立案や実施自体はそれほど難しくないのかもしれない。

ただしこのようなゆるやかな制約を課して実施される政策が欧州レベルで所期の成果をあげるには、予想を超えた長い時間がかかってしまう恐れがある。また生涯学習の学習成果の共通化・標準化と各国の政策や個別の教育機関やそのほかの学習機会の自主性・多様性の尊重との間のバランスを、具体的にどのようにすればよいのかも大きな課題である。たとえばドイツの職業訓練では、学習成果の共通化・標準化の進展にともない、伝統的にマイスター教育の根幹を成してきた二元制度、つまり職業学校（定時制）における教育と企業などの職場における職業訓練が並行して行われる仕組みのメリットが損なわれる恐れも指摘されている。さらに職業との関連を重視した生涯学習を推進するのは、包括的な生涯学習政策の出発点としては実質的で効果的だとしても、その成果をそれ以外の多様な生き方を含んだ生涯学習社会の実現に向けて発展させるには、解決の目処もつかない課題や問題が山積しているように思われる。

(3) 生涯学習政策と格差是正の課題

最後に、日本の生涯学習政策で考慮すべき第三のポイントとして、生涯学習政策における格差是正の問題をとりあげてみよう。教育政策の議論では、教育政策の方針や具体的な内容、その実施手続きなどが適切かどうかの検討ももちろん重要だが、それと同時に、特定の教育政策が社会的にどのように作用するのかについても十分に議論する必要がある。その切り口の一つとして、個人の生涯学習を左右する規定要因に注目し、生涯学習政策に関連した格差是正の問題について検討してみよう。

個人の生涯学習を左右する規定要因　教育政策の議論では、教育政策をどのように巧妙に立案したり実施したりしても、その最大の受益者は結局中産階級なのだという指摘がよくみられる。生涯学習政策についても、たとえ生涯学習社会が実現しても人びとの間の格差が是正されるわけではなく、有利な者はもっと有利に、不利な者はもっと不利になってしまうという、否定的な見方が根強く行きわたっているように思われる。そうした観点からみると、学習者である個人の生涯学習機会への参加（アクセス）を規定する要因群の構造は、「小さな政府」の学習社会論が主に依拠する人的資本論が想定する社会過程よりもはるかに多様で複雑だから、その実態をできるだけ正確にとらえて対処することが要請される（リース他、二〇一二年、二四四―二四六、二五三―二五四頁）。

学習者の生涯学習機会への参加は、本人の生育歴と利用できる社会資本によって左右されるところがある。とくに留意する必要があるのは民族性（エスニシティ）やジェンダー、出身家族の社会階層といった、本人が自ら変えることのできない生得的な要因である。これらの規定要因は生涯の節目ごとに作用するとともに、その後の生涯の方向も継続して左右する。またそれらの結果生まれる学歴の違いなどにみられるように、個人の学習経験がその後の学習経験に累積的に作用することにも留意する必要があるだろう。さらに学習者が生活している都市‐農村といった地域社会の特徴や国民国家などの違いによっても、学習機会への参加は大きく左右される。民族性や出身家族の社会階層などの規定要因は、空間的に分化していない同一の社会構造内における個人の位置に注目しているが、学習機会の構造自体やその個人に対する作用の仕組みは、空間的な規定要因である地域社会や国民国家などによってもかなり異なっているからだ。

経済協力開発機構が「国際成人力調査（ＰＩＡＡＣ）」の一環として二〇一二年に実施した「成人スキル調査（ＳＡＳ）」によれば、加盟国の成人（二五―六四歳人口）の五一％が成人教育、つまり学校教育や学校教育以外の教育に参加して学んでいた。ところが日本の成人の参加率はそれよりもやや低く四二％だった（経済協力開発機構、二〇一四年、四四八―四五七頁）。成人教育のうち学校教育とは、学校や大学などの正規の教育機関で提供される計画的な教育や訓練であり、学校教育以外の教育とは、この「学校教育」の定義にあてはまらないが継続的に実施される教育や訓練活動である。なお成人スキル調査では、過去一二か月間に参加した公開講座や遠隔学習講座、個人指導、職場訓練（ＯＪＴ）、ワークショップ、セミナーなどを学校教育以外の教育に含めている。また加盟国の平均では、成人の一〇％は二五歳以降も学校教育に参加して学んでおり、その割合が最も高かったのは一七％のオーストラリアだが、日本は最も低い二％だった。つまり日本の成人の大多数はいったん学校を卒業すると、再び学校にもどって学び直すよりも、学校以外の生涯学習機会で学ぶ傾向がある。

この学校教育や学校教育以外の教育への参加率は、本人の①読解力の習熟度レベルや②学歴、③年齢、④従業状況、⑤親の学歴と強い関連があるという。はじめに教育に直接関連した要因についてみると、成人スキル調査では読解力（リテラシー）、数的思考力（ニューメラシー）、情報技術（ＩＴ）を活用した問題解決能力の三つを、（さまざまな社会状況や労働環境で成人にとって重要な意味をもつ）情報の処理・活用に関する主要なコンピテンス（能力）として調査している。そのうち読解力は、社会に参加し、自らの目標を達成し、自らの知識と可能性を高めるために、書かれたテキストを理解し、評価し、利用し、これにとりくむ能力であり、その習熟度レベルが高い者ほど成人教育への参加率は高い。本人の学歴との関連も同じで、どの国でも学歴が高い者ほど参加率は高くなる。

そのほかの規定要因に注目すると、年齢では最若年齢層（二五―三四歳人口）の参加率が最も高く、年齢に応じて次第に低下し、最高年齢層（五五―六四歳人口）の参加率が最も低い。また就業状況ではほとんどの国で、就業している成人の方が失業中の成人や非労働力人口である成人よりも参加率が高くなる傾向がみられる。さらに参加率が全体として高い国の場合、親の学歴による参加率の格差は比較的小さいけれども、両親あるいは少なくとも両親のどちらかの学歴が高い者ほど参加率は高くなる。なおこの親の学歴は本人の出身家族の社会階層と重なるところがあり、本人の学歴や読解力の習熟度レベルとも関連しているが、成人になってから学校教育や学校教育以外の教育へ参加することは、そうした（出身家族の社会階層や親の学歴がもたらす）生育時の不利な状況を是正する可能性があることにも留意する必要がある。

こうした規定要因の見取り図をふまえて、**表6－1**は本人の学歴別・読解力習熟度別に学校教育や学校教育以外の教育への参加率をまとめたものである。本人の学歴と読解力の習熟度レベルはどの国でも、参加率に対して相互に補強しあう形で影響を及ぼしていると考えられる。日本についてみれば、読解力の習熟度が最も低くて高等学校を卒業していない成人（一六％）と、読解力の習熟度が最も高くて大学や大学院などの高等教育を卒業した成人（六二％）との間には、参加率に約三・

表6－1　学校教育や学校教育以外の教育への参加率：学歴別・読解力習熟度別（%）

	本人の学歴	読解力習熟度レベル				
		0/1	2	3	4/5	全体
日本	後期中等教育未満	16	21	25	c	22
	後期中等教育 / 中等後教育	24	27	35	40	32
	高等教育	c	46	54	62	56
	全　体	22	30	43	56	42
アメリカ合衆国	後期中等教育未満	25	29	44	c	28
	後期中等教育 / 中等後教育	40	48	58	68	50
	高等教育	63	71	80	85	79
	全　体	37	52	70	82	59
各国平均	後期中等教育未満	21	27	36	66	27
	後期中等教育 / 中等後教育	35	43	53	63	47
	高等教育	55	64	73	79	71
	全　体	30	44	60	74	51

出所：経済協力開発機構、2014年、459～461頁。

＊表中の数値は「国際成人力調査（PIAAC)」の一環で2012年に実施された「成人スキル調査（SAS)」の成人（25～64歳人口）の参加率（%）。

＊表中のcは対象数が少なすぎて信頼できる数値をえられないことを意味する。

＊学歴のうち、後期中等教育 / 中等後教育は日本の高等学校、高等教育は高等専門学校、短期大学、大学、大学院などに相当する。

＊読解力習熟度レベルは高い順にレベル5からレベル1未満（表中ではレベル0と表示）まで6段階に分類している。

九倍の開きがあるから、高学歴でしかもコンピテンス（能力）の習熟度が高い成人は、ますます学習活動に参加する可能性が高くなり、その成果を受ける可能性も高まるのである。

重要な学習者アイデンティティの形成　ところで個人の生涯学習機会への参加は、これまで述べてきた規定要因によって、いわば受動的に左右されるだけでなく、個人の学習者としてのアイデンティティによっても影響を受ける。学習者アイデンティティ（ラーナー・アイデンティティ）とは、個人が学習者としての自己を理解し、自らの学習やその条件、知識などについて理解するようになることであり、学習者としての主体性を意味する言葉である。

この学習者アイデンティティは認知的な知的次元と非認知的な感情的次元を含んでおり、さまざまな社会的経験によって形成される。そのなかでも学校教育、とくに義務教育は個人の学習者アイデンティティの形成に強く作用すると考えられる。また通学する学校のコースやタイプの違いによって、異なる学習者アイデンティティが形成されることもある。それから学校教育以外のインフォーマルな学習機会、たとえばスポーツや音楽などの経験が重要な役割を果たすこともあるし、職場での研修や現場経験によって、学習者としての自己理解が大きく変わることもあるだろう（リース他、二〇一二年、二五〇―二五二頁）。いずれにしても実際の生涯学習は非常に複雑な社会経験であり、生涯学習政策ではそうした多様な学び方や生き方を含んだ生涯学習社会を構築する具体的な方策を探求するとともに、生涯学習社会を実現することの積極的な意義を広く社会の人びとに広報して、周知することが要請される。

さらにもう一つ強調しておきたいのは、学習者アイデンティティの確立、つまり個人の学習者としての主体的な生き方の形成は、学校教育にとっても非常に重要な課題だということである。というのも、たとえ体系的で十分に整備された生涯学習政策が仮に実施されても、一人ひとりの学習者が生涯学習の意義を認め、主体的に学習活動に参加して活用しなければ何の意味もないからだ。

そしてそのためには、学校教育の場を整備して、自ら学び自ら考えることができる能力や、生涯学習の意義について学べる機会をいっそう充実することが強く望まれる。具体的な構想はいろいろ考えられるが、それはたとえば初等中等教育段階では、学習者が認知的側面と非認知的側面の双方で、主体的な学習に必要な基礎的な知識や技能、主体的に学習する態度や方法などを身につける学習機会を整備することであり、高等教育段階では、若い世代の学習者だけでなく、再チャレンジを目指す社会人をはじめ、職業生活に必要な能力の向上や職業の選択や変更をはかったり、個人の自己実現とか趣味や教養などを豊かにすることを目指したりする人びとが学びやすい柔軟な学習環境を整備することなのである。

あとがき

日本ではこの三〇年ほどの間、文部科学省を中心にした政府行政当局が主導する形で多種多様な教育政策が矢継ぎ早に実施され、教育の現場でもさまざまな改革が進められてきた。ところがその結果、日本の教育は時代や社会の変化に適切に対応するとともに、教育の本質に適った望ましい方向に改善されてきたのかというと大いに疑わしいところがある。教育関係者の間では、教育改革に関する深刻な批判だけでなく、先のみえない改革にどのように対処すればよいのか、次の一歩を探しあぐねている声も少なくない。

こうした大規模な教育改革は日本だけでなく、アメリカやイギリス、ドイツをはじめとする先進諸国はもとより、東アジアや東南アジア、南米などの発展途上諸国でも同時進行の形でとりくまれてきた。この本では、現在世界各国で行われている教育改革に焦点を絞り、国際比較の観点から日本や諸外国の対応や取組について批判的に考察することを通して、現代日本の教育が直面している教育課題や現在進められている教育改革を相対化し、それらの知見を手がかりにして日本社会にふさわしい教育改革のあり方を探ることを試みてみた。

現在の「小さな政府」による行政主導の教育政策は、なによりも自国の経済的な国際競争力を強化するために、学校教育を改善して優れた人材を育成することを目指しており、そのために、もっぱら国民の自助努力を活用した改革の制度的な条件整備をはかってきたといってよいだろう。しかしこの本の「まえがき」や本文でも強調したように、近代社会が長い時間をかけてその実現を目指してきた望ましい社会のあり方、つまり平等や公正の度合いを最大限に高め、民主主義を進め、人びとの想像力を解放することは非常に大切なことだと思われる。そして教育はそうした社会の形成に正面からかかわることができるはずであり、私たちは基本的人権の尊重や公正で平等な学習機会の拡充、人類の知的遺産の継承、公平無私な真理の探究などといった、社会にとって不可欠な教育活動の社会的役割を損なわないようにしながら、日本社会に最もふさわしい実質的な教育改革を進める必要があるように思われる。

このような観点からまとめた本書の議論や提言が、日本の教育改革のあり方や改革の実際に関心がある教育関係者や学生、保護者、それから卒業生を受け入れる社会の多くの人びとにとって、少しでもお役に立てば幸いである。なお私は本書と同様に、国際比較の観点から、今日の日本の大学改革の特徴や課題を系統的に整理、集約するとともに、大学改革のあり方を探ることを試みた『大学は社会の希望か－大学改革の実態からその先を読む』（東信堂、二〇一五年）を出版した。大学改革のゆくえに関心がある読者は、このいわば姉妹書ともいえる拙著もあわせてお読み頂ければ幸いである。

本書を執筆する際には、比較教育学や教育社会学をはじめ、関連した専門分野の先行研究を通して、本書のテーマに関する数多くの具体的な事実やそれらの豊かなイメージを学ばせて頂いた。とりわけ放送大学のラジオ番組として放送した教養科目の「基礎教育学」と大学院科目の「現代教育改革論」でご一緒した共同研究者の方々からは、教育の基本的なとらえ方から教育実践のノウハウまで、たくさんのことを教えて頂いた。また本書を出版することができたのは、東信堂の下田勝司社長のご好意とご助言のお陰である。この場を借りて、皆様に深く謝意を表したい。

二〇一七年八月一〇日

江原　武一

J.E., Jr. (ed.). *Religion and the State: Essays in Honor of Leo Pfeffer.* Waco, Texas: Baylor University Press, 1985, pp.279-301.

Taylor, M.J. "Values Education: Issues and Challenges in Policy and School Practice." In Leicester, M., Modgil, C. and Modgil, S. (eds.). *Education, Culture and Values*, Volume II (*Institutional Issues: Pupils, Schools and Teacher Education*). London: Falmer Press, 2000, pp.151-165.

山田哲也「学力格差是正策の現状と課題」志水宏吉・山田哲也編『学力格差是正策の国際比較』岩波書店、2015 年、213 − 231 頁。

山田哲也「ＰＩＳＡ型学力は日本の学校教育にいかなるインパクトを与えたか」『教育社会学研究』第 98 集、2016 年、5 − 28 頁。

山本吉宣「グローバリズム」、「グローバリゼーション」、「グローバル・イッシュー」猪口孝他編『政治学事典』弘文堂、2000 年、268 − 269 頁。

ユネスコ教育開発国際委員会編、国立教育研究所内「フォール報告書検討委員会」訳『未来の学習』第一法規、1975 年。

ユネスコ国内委員会「国際理解、国際協力及び国際平和のための教育並びに人権及び基本的自由についての教育に関する勧告（仮訳）」ユネスコ国内委員会、1974 年（http://www.mext.go.jp/unesco/009/004.htm、2016 年 8 月 30 日）。

ユネスコ 21 世紀教育国際委員会編、天城勲監訳『学習：秘められた宝』ぎょうせい、1997 年。

吉原美那子「生涯学習社会の構築の再検討－欧州の学びのシステムの再編から」日本教育制度学会編『現代教育制度改革への提言　下巻』東信堂、2013 年、145 − 163 頁。

米川英樹・深堀聰子「アメリカ－企業型経営の成果と代償」志水宏吉・山田哲也編『学力格差是正策の国際比較』岩波書店、2015 年、21 − 54 頁。

D・ラヴィッチ、末藤美津子訳『アメリカ 間違いがまかり通っている時代－公立学校の企業型改革への批判と解決法』東信堂、2015 年。

G・リース、R・フェーブル、J・ファーロング、S・ゴラード、児美川孝一郎訳「学習社会における歴史・経歴・場所－生涯学習の社会学に向けて」H・ローダー他編、広田照幸他編訳『グローバル化・社会変動と教育 1 －市場と労働の教育社会学』東京大学出版会、2012 年、239 − 254 頁。

H・ローダー他編、広田照幸他編訳『グローバル化・社会変動と教育 1 －市場と労働の教育社会学』東京大学出版会、2012 年。

C・ロラン - レヴィ、A・ロス編著、中里亜夫・竹島博之監訳『欧州統合とシティズンシップ教育－新しい政治学習の試み』明石書店、2006 年。

Institute of International Education (IIE). “Open Doors 2015 Fast Facts,” 2015 (http:// www.iie.org/Research-and-Publications/Data/Fast-Facts、2016 年 8 月 30 日).
Redlich, N. “Religion and Schools: The New Political Establishment.” In Wood,

遠藤泰生編『多文化主義のアメリカ』東京大学出版会、1999 年、141 − 164 頁。

文部科学省編『平成 20 年度文部科学白書』佐伯印刷、2009 年 。

文部科学省「ＩＥＡ国際数学・理科教育動向調査の 2011 年調査（ＴＩＭＳＳ 2011）の結果」文部科学省、2012 年（http://www.mext.go.jp/b_menu/houdou/24/12/1328789. htm、2016 年 8 月 30 日）。

文部科学省編『平成 25 年度文部科学白書』日経印刷、2014 年ａ。

文部科学省「平成 25 年度公立小・中学校における教育課程の編成・実施状況調査の結果について」初等中等教育局教育課程課、2014 年 b（http://www.mext.go.jp/a_menu/shotou/new-cs/1342497.htm、2016 年 8 月 30 日）。

文部科学省編『平成 26 年度文部科学白書』日経印刷、2015 年。

文部科学省「国際数学・理科教育動向調査（ＴＩＭＳＳ 2015）のポイント」文部科学省、2016 年（http://www. mext.go.jp/component/a_menu/education/micro_detail/_icsFiles/afieldfile/2016/12/27/1379931_1_1.pdf、2017 年 3 月 14 日）。

文部科学省初等中等教育局国際教育課「平成25年度高等学校等における国際交流等の状況について」文部科学省初等中等教育局国際教育課、2014年(http://www.mext.go.jp/ component/a_menu/education/detail/_icsFiles/afieldfile/2015/04/09/1323948_03_2.pdf、2016 年 8 月 30 日)。

文部科学省初等中等教育局国際教育課編『海外で学ぶ日本の子供たち－我が国の海外子女教育の現状（平成 27 年度版）』文部科学省、2015 年ａ。

文部科学省初等中等教育局国際教育課「『日本語指導が必要な児童生徒の受入状況等に関する調査（平成 26 年度）』の結果について」文部科学省、2015 年 b（http://www.mext.go. jp/b_menu/houdou/27/04/1357044.htm、2016 年 8 月 30 日）。

文部科学省初等中等教育局児童生徒課「平成 26 年度『児童生徒の問題行動等生徒指導上の諸問題に関する調査』における『いじめ』に関する調査結果について」2015 年、文部科学省（http://www.mext.go.jp/b_menu/houdou/27/10/_icsFiles/afieldfile/2015/11/06/1363297_01_1.pdf、2016 年 8 月 30 日）。

山﨑高哉「教育と学習」江原武一・山﨑高哉編著『基礎教育学』放送大学教育振興会、2007 年、11 − 22 頁。

山崎ゆき子「ユネスコにおける生涯学習概念の再検討－フランスの教育改革を視野に入れて」『神奈川県立国際言語文化アカデミア紀要』第 3 巻、2014 年、1 — 15 頁。

平田利文「地域統合をめざすＡＳＥＡＮ諸国における市民性教育」『比較教育学研究』第 46 号、2013 年、104 － 117 頁。

広田照幸・吉田文・本田由紀・苅谷剛彦「個人化・グローバル化と日本の教育－解説にかえて」Ｈ・ローダー他編、広田照幸他編訳『グローバル化・社会変動と教育 1 －市場と労働の教育社会学』東京大学出版会、2012 年、295 － 327 頁。

深堀聰子「国際学力調査の拡大」江原武一・南部広孝編著『現代教育改革論－世界の動向と日本のゆくえ』放送大学教育振興会、2011 年、143 － 159 頁。

深堀聰子「アウトカム重視の大学教育改革－その背景と概念の整理」深堀聰子編著『アウトカムに基づく大学教育の質保証－チューニングとアセスメントにみる世界の動向』東信堂、2015 年、3 － 32 頁。

福田誠治他『日本の教育に対するＰＩＳＡ型読解力の影響と今後～ＰＩＳＡ 2009 の分析より～（ＰＩＳＡ対策プロジェクトチーム会議報告）』国民教育文化総合研究所、2011 年。

藤原聖子『教科書の中の宗教－この奇妙な実態』（岩波新書（新赤版）1313）岩波書店、2011 年。

法務省入国管理局編『出入国管理（平成 27 年版）』法務省入国管理局、2015 年。

Ｊ・Ｗ・マイヤー、清水睦美訳「グローバリゼーションとカリキュラム－教育社会学理論における問題－」『教育社会学研究』第 66 集（特集　教育におけるグローバリゼーション）東洋館出版社、2000 年、79 － 95 頁。

前平泰志「生涯学習研究」日本比較教育学会編『比較教育学事典』東信堂、2012 年、211 － 214 頁。

松尾知明『アメリカの現代教育改革－スタンダードとアカウンタビリティの光と影』東信堂、2010 年。

松下佳代「ＰＩＳＡリテラシーを飼いならす－グローバルな機能的リテラシーとナショナルな教育内容」『教育学研究』第 81 巻第 2 号、2014 年、150 － 163 頁。

嶺井明子編著『世界のシティズンシップ教育－グローバル時代の国民／市民形成』東信堂、2007 年。

武藤孝典・新井浅浩編著『ヨーロッパの学校における市民的社会性教育の発展－フランス・ドイツ・イギリス』東信堂、2007 年。

森孝一「統計からみるアメリカ宗教の現状と特質」森孝一編『アメリカと宗教』（ＪＩＩＡ現代アメリカ 5）日本国際問題研究所、1997 年、9 － 41 頁。

森孝一「アメリカ宗教と多文化主義－多様性と国家統合」油井大三郎・

送文化研究所、2014 年、2 － 39 頁。

内閣府政府広報室「『教育・生涯学習に関する世論調査』の概要」内閣府政府広報室、2016 年（http://survey.gov-online.go.jp/h27/h27-kyouiku/gairyaku.pdf、2016 年 8 月 30 日）。

永井聖二「学習社会の成立と生涯学習」岡崎友典・永井聖二編著『教育学入門』放送大学教育振興会、2015 年、216 － 225 頁。

中村健吾「テーマ別研究動向（シティズンシップ）」『社会学評論』第 63 巻第 1 号、2012 年、138 － 149 頁。

中村高康「後期近代の理論と教育社会学－ A. Giddens のハイ・モダニティ論を中心として」『教育社会学研究』第 94 集、2014 年、45 － 63 頁。

南部広孝「生涯学習理念の展開」江原武一・南部広孝編著『現代教育改革論－世界の動向と日本のゆくえ』放送大学教育振興会、2011 年、128 － 142 頁。

二井紀美子「ニューカマー」日本比較教育学会編『比較教育学事典』東信堂、2012 年、304 頁。

二井紀美子「日本の公立学校における外国人児童生徒教育の理想と実態－就学・卒業認定基準を中心に」『比較教育学研究』第 51 号、2015 年、3 － 14 頁。

日本国際理解教育学会編『グローバル時代の国際理解教育－実践と理論をつなぐ』明石書店、2010 年。

日本国際理解教育学会他『国際理解教育ハンドブック－グローバル・シティズンシップを育む』明石書店、2015 年。

橋爪貞雄『2000 年のアメリカ－教育戦略－その背景と批判』黎明書房、1992 年。

橋本将志「日本におけるシティズンシップ教育のゆくえ」『早稲田政治公法研究』第 101 号、2013 年、63 － 76 頁。

服部美奈「ジェンダーと教育」江原武一・南部広孝編著『現代教育改革論－世界の動向と日本のゆくえ』放送大学教育振興会、2011 年、160 － 173 頁。

服部美奈「外国人学校」日本比較教育学会編『比較教育学事典』東信堂、2012 年、73 － 74 頁。

G・バーニンガム「上海に学ぶ学力向上の極意」『ニューズウィーク日本版』2014 年 6 月 3 日号、2014 年、50 － 53 頁。

A・H・ハルゼー他編、住田正樹他編訳『教育社会学－第 3 のソリューション－』九州大学出版会、2005 年。

J・A・バンクス他、平沢安政訳『民主主義と多文化教育－グローバル時代における市民性教育のための原則と概念』明石書店、2006 年。

ンター、2015 年、1 － 24 頁。

佐藤郡衛「国際理解教育の現状と課題－教育実践の新たな視点を求めて」『教育学研究』第 74 巻第 2 号、2007 年、77 － 87 頁。

佐藤郡衛「日本における外国人教育政策の現状と課題－学校教育を中心にして」『移民政策研究』創刊号、2009 年、42 － 54 頁。

佐藤由利子『日本の留学生政策の評価－人材養成、友好促進、経済効果の視点から』東信堂、2010 年。

品川区教育委員会「文部科学省『新教育システム開発プログラム』第 2 年次報告書＝小学校中学校一貫教育の検証＝【ダイジェスト版】」品川区教育委員会、2008 年。

篠原康正「イギリス」文部科学省編『諸外国の教育動向 2013 年度版』明石書店、2014 年、47 － 93 頁。

志水宏吉編著『エスニシティと教育』（リーディングス 日本の教育と社会 第 17 巻）日本図書センター、2009 年。

志水宏吉・山田哲也編『学力格差是正策の国際比較』岩波書店、2015 年。

D・シュグレンスキー「グローバル時代における高等教育の再編成－他律的モデルに向かうのか」R・F・アーノブ他編著、大塚豊訳『21 世紀の比較教育学－グローバルとローカルの弁証法』福村出版、2014 年、437 － 466 頁。

初等中等教育における国際教育推進検討会『初等中等教育における国際教育推進検討会報告－国際社会を生きる人材を育成するために』文部科学省、2005 年（http://www.mext. go.jp/b_menu/shingi/chousa/shotou/026/houkoku/05080101/all.pdf、2016 年 8 月 30 日）。

杉本厚夫・高乗秀明・水山光春『教育の３Ｃ時代－イギリスに学ぶ教養・キャリア・シティズンシップ教育』世界思想社、2008 年。

杉本均「国際化する社会と教育」原清治・山内乾史・杉本均編著『教育の比較社会学』学文社、2004 年、89 － 127 頁。

杉本均編著『トランスナショナル高等教育の国際比較－留学概念の転換』東信堂、2014 年。

栖原暁「『留学生 30 万人計画』の意味と課題」『移民政策研究』第 2 号、2010 年、7 － 19 頁。

世界の宗教教科書プロジェクト『世界の宗教教科書』（ＣＤ版）大正大学出版会、2008 年。

背戸博史「生涯教育施策の課題と展望」日本教育制度学会編『現代教育制度改革への提言　下巻』東信堂、2013 年、128 － 144 頁。

高橋幸市・荒牧央「日本人の意識・40 年の軌跡 (1) －第 9 回『日本人の意識』調査から」『放送研究と調査』第 64 巻第 7 号、ＮＨＫ放

大学教育の質保証－チューニングとアセスメントにみる世界の動向』東信堂、2015 年、33 － 60 頁。

A・グリーン、大田直子訳『教育・グローバリゼーション・国民国家』東京都立大学出版会、2000 年。

R・グロス「『宗教は道徳心を育てる』は本当か」『ニューズウィーク日本版』2015 年 12 月 8 日号、2015 年、60 － 61 頁。

経済協力開発機構（ＯＥＣＤ）編著、徳永優子他訳『図表でみるＯＥＣＤインディケータ（2014 年版）』明石書店、2014 年。

上坂昇「公教育に進出する宗教右翼」森孝一編『アメリカと宗教』（ＪＩＩＡ現代アメリカ 5）日本国際問題研究所、1997 年、181 － 215 頁。

国際協力機構人間開発部『ＡＳＥＡＮ 10 カ国 アセアン工学系高等教育ネットワークプロジェクト フェーズ 3 詳細計画策定調査報告書』国際協力機構、2013 年。

国立教育政策研究所編『OECD 生徒の学習到達度調査－ 2012 年調査国際結果の要約』国立教育政策研究所、2013 年（http://www.nier.go.jp/kokusai/pisa/pdf/pisa2012_result_outline.pdf、2016 年 8 月 30 日）。

国立教育政策研究所編『OECD 生徒の学習到達度調査－ 2015 年調査国際結果の要約』国立教育政策研究所、2016 年 (http://www.nier.go.jp/kokusai/pisa/pdf/2015/03_result.pdf、2017 年 3 月 14 日)

国立教育政策研究所・国際協力機構地球ひろば『グローバル化時代の国際協力のあり方国際比較調査』（最終報告書（第 1 分冊））国際協力機構地球ひろば・国際開発センター、2014 年 a。

国立教育政策研究所・国際協力機構地球ひろば『グローバル化時代の国際協力のあり方国際比較調査』（最終報告書（第 2 分冊））国際協力機構地球ひろば・国際開発センター、2014 年ｂ。

小暮聡子「落ちこぼれ防止法が葬り去られた理由」『ニューズウィーク日本版』2016 年 3 月 22 日号（世界の教育　学力の育て方）、ＣＣＣメディアハウス、2016 年、35 頁。

児島明「教育機関としてのブラジル人学校」『〈教育と社会〉研究』第 23 号、一橋大学大学院社会学研究科、2013 年、93 － 101 頁。

佐久間孝正「『多文化共生』社会における教育のありかた」『学術の動向』第 14 巻第 12 号、財団法人日本学術協力財団、2009 年、42 － 51 頁。

佐藤邦明「高等教育におけるグローバル化の課題と展望」広島大学高等教育研究開発センター編『高等教育とグローバル化～グローバル人材養成の課題・可能性～－第 42 回（2014 年度）研究員集会の記録－』（高等教育研究叢書 130）、広島大学高等教育研究開発セ江原武一『大学は社会の希望か－大学改革の実態からその先を読む』東信堂、2015 年。

ＯＥＣＤ編著、御園生純・稲川英嗣監訳『ＯＥＣＤ教育政策分析－「非大学型」高等教育、教育とＩＣＴ、学校教育と生涯学習、租税政策と生涯学習』（世界の教育改革 4）明石書店、2011 年。

ＯＥＣＤ『日本再生のための政策　ＯＥＣＤの提言』ＯＥＣＤ日本政府代表部、2012 年。

ＯＥＣＤ教育研究革新センター・世界銀行編著、斎藤里美監訳『国境を越える高等教育－教育の国際化と質保証ガイドライン』明石書店、2008 年。

ＯＥＣＤ教育調査団、深代惇郎訳『日本の教育政策』（朝日選書 70）朝日新聞社、1976 年。

太田晴雄「ニューカマーの子どもの学校教育－日本的対応の再考」江原武一編著『多文化教育の国際比較－エスニシティへの教育の対応』玉川大学出版部、2000 年、284 － 308 頁。

大野彰子（研究代表者）『外国人児童生徒の教育等に関する国際比較研究　報告書』国立教育政策研究所国際研究協力部、2015 年。

大谷泰照・林桂子他編著『世界の外国語教育政策－日本の外国語教育の再構築にむけて』東信堂、2004 年。

奥村牧人「英米のシティズンシップ教育とその課題－政治教育の取り組みを中心に」国立国会図書館調査及び立法考査局編『青少年をめぐる諸問題 総合調査報告書』国立国会図書館調査及び立法考査局、2009 年、17 － 32 頁。

Ｍ・カーノイ、吉田和浩訳『グローバリゼーションと教育改革』（ユネスコ国際教育政策叢書２）東信堂、2014 年。

岸本睦久「アメリカ合衆国」文部科学省編『諸外国の教育動向 2013 年度版』明石書店、2014 年、14 － 45 頁。

北村友人「高等教育の国際化と域内連携」『ＩＤＥ（現代の高等教育）』（2020 年への展望）577 号、2016 年 1 月号、ＩＤＥ大学協会、2016 年、48 － 53 頁。

北村友人・杉村美紀編『激動するアジアの大学改革－グローバル人材を育成するために』（上智大学新書 002）上智大学出版、2012 年。

Ａ・ギデンズ、松尾精文・小幡正敏訳『近代とはいかなる時代か？－モダニティの帰結』而立書房、1993 年。

木戸裕「ヨーロッパの高等教育改革とラーニングアウトカム」『比較教育学研究』第 38 号、2009 年、159 － 171 頁。

木戸裕「ドイツにおける大学の質保証システムと学習成果アセスメント－『資格枠組み』を中心に」深堀聰子編著『アウトカムに基づく

引用・参考文献

R・F・アーノブ、C・A・トーレス、S・フランツ編著、大塚豊訳『21世紀の比較教育学－グローバルとローカルの弁証法』福村出版、2014年。

市井三郎『歴史の進歩とはなにか』（岩波新書800）岩波書店、1971年。

岩木秀夫『ゆとり教育から個性浪費社会へ』（ちくま新書451）筑摩書房、2004年。

岩田克彦「グローバリゼーションの進展下における、広範な中間層に重点をおいた人材の育成・活用」樋口美雄・財務省財務総合政策研究所編著『国際比較から見た日本の人材育成－グローバル化に対応した高等教育・職業訓練とは』日本経済評論社、2012年、211－237頁。

I・ウォーラーステイン、川北稔訳『史的システムとしての資本主義』（岩波現代選書108）岩波書店、1985年。

江原武一「転機に立つアメリカの中等教育」米川英樹・江原武一編著『自己意識とキャリア形成－アメリカ卒業生にみる』学文社、1996年、33－54頁。

江原武一編著『多文化教育の国際比較－エスニシティへの教育の対応』玉川大学出版部、2000年。

江原武一編著『世界の公教育と宗教』東信堂、2003年。

江原武一「宗教と学校」江原武一・山崎高哉編著『基礎教育学』放送大学教育振興会、2007年a、139－152頁。

江原武一「国際化と教育」江原武一・山崎高哉編著『基礎教育学』放送大学教育振興会、2007年b、185－200頁。

江原武一「転換期の教育改革」江原武一・山崎高哉編著『基礎教育学』放送大学教育振興会、2007年c、201－218頁。

江原武一「日本の教育のゆくえ」江原武一・山崎高哉編著『基礎教育学』放送大学教育振興会、2007年d、219－236頁。

江原武一『転換期日本の大学改革－アメリカとの比較』東信堂、2010年。

江原武一「教育の国際化」江原武一・南部広孝編著『現代教育改革論－世界の動向と日本のゆくえ』放送大学教育振興会、2011年a、190－203頁。

江原武一「日本の教育改革のゆくえ」江原武一・南部広孝編著『現代教育改革論－世界の動向と日本のゆくえ』放送大学教育振興会、2011年b、220－236頁。

江原武一・南部広孝編著『現代教育改革論－世界の動向と日本のゆくえ』放送大学教育振興会、2011年。

タ行

ナ行

マ行

ヤ行

ラ行

索　引

ア行

カ行

サ行

著者紹介

江原　武一（えはら・たけかず）

■経歴

1941 年生まれ。東京大学教育学部卒業。同大学大学院博士課程単位取得。教育学博士。比較教育学・教育社会学を専攻。東京大学教育学部助手、奈良教育大学教育学部助教授、京都大学大学院教育学研究科教授、立命館大学教育開発推進機構教授を経て、現在、京都大学名誉教授。

■編著書

『現代高等教育の構造』（東京大学出版会、1984 年）、『国際化社会の教育課題』（共編著、行路社、1987 年）、『現代アメリカの大学』（玉川大学出版部、1994 年）、『大学のアメリカ・モデル』（玉川大学出版部、1994 年）、『自己意識とキャリア形成』（共編著、学文社、1996 年）、『大学教授職の国際比較』（共編著、玉川大学出版部、1996 年）、『多文化教育の国際比較』（編著、玉川大学出版部、2000 年）、『世界の公教育と宗教』（編著、東信堂、2003 年）、『大学院の改革』（共編著、東信堂、2004 年）、『大学の管理運営改革』（共編著、東信堂、2005 年）、『基礎教育学』（共編著、放送大学教育振興会、2007 年）、『転換期日本の大学改革』（東信堂、2010 年）、『現代教育改革論』（共編著、放送大学教育振興会、2011 年）、『大学は社会の希望か』（東信堂、2015 年）。

■翻訳書

『リースマン 高等教育論』（共訳、玉川大学出版部、1986 年）。

教育と比較の眼

2018年6月10日　初 版　第1刷発行

〔検印省略〕

定価はカバーに表示してあります。

著者©江原 武一／発行者 下田 勝司

印刷・製本／中央精版印刷

東京都文京区向丘 1-20-6　郵便振替 00110-6-37828

〒 113-0023　TEL (03) 3818-5521　FAX (03) 3818-5514

発行所

株式会社 東信堂

Published by TOSHINDO PUBLISHING CO., LTD.

1-20-6, Mukougaoka, Bunkyo-ku, Tokyo, 113-0023, Japan

E-mail : tk203444@fsinet.or.jp　http://www.toshindo-pub.com

ISBN978-4-7989-1455-8 C3037 © Takekazu Ehara

東信堂

転換期を読み解く―潮木守一時評・書評集	潮木守一	二六〇〇円
大学再生への具体像―大学とは何か【第二版】	潮木守一	二四〇〇円
フンボルト理念の終焉？―現代大学の新次元	潮木守一	二五〇〇円
「大学の死」、そして復活	絹川正吉	二八〇〇円
大学教育の思想―学士課程教育のデザイン	絹川正吉	二八〇〇円
大学教育の在り方を問う	山田宣夫	二三〇〇円
北大 教養教育のすべて―エクセレンスの共有を目指して	小笠原正明・安藤厚・細川敏幸 編著	二四〇〇円
国立大学職員の人事システム―管理職への昇進と能力開発	渡辺恵子	四二〇〇円
国立大学法人の形成	大﨑仁	二六〇〇円
国立大学・法人化の行方―自立と格差のはざまで	天野郁夫	三六〇〇円
教育と比較の眼	江原武一	二六〇〇円
大学は社会の希望か―大学改革の実態からその先を読む	江原武一	二〇〇〇円
転換期日本の大学改革―アメリカとの比較	江原武一	三六〇〇円
大学の管理運営改革―日本の行方と諸外国の動向	江原武一・杉本均 編著	三六〇〇円
大学経営とマネジメント	新藤豊久	二五〇〇円
大学戦略経営の核心	篠田道夫	三六〇〇円
戦略経営111大学事例集	篠田道夫	三六〇〇円
大学戦略経営論―中長期計画の実質化によるマネジメント改革	篠田道夫	三四〇〇円
米国高等教育の拡大する個人寄付	福井文威	三六〇〇円
大学の財政と経営	丸山文裕	三二〇〇円
私立大学マネジメント	㈳私立大学連盟編	四七〇〇円
私立大学の経営と拡大・再編―一九八〇年代後半以降の動態	両角亜希子	四二〇〇円
学長奮闘記―学長変われば大学変えられる	岩田年浩	二〇〇〇円
大学の発想転換―体験的イノベーション論二五年	坂本和一	二〇〇〇円
大学のカリキュラムマネジメント	中留武昭	三二〇〇円
戦後日本産業界の大学教育要求―経済団体の教育言説と現代の教養論	飯吉弘子	五四〇〇円
イギリス大学経営人材の養成	高野篤子	二七〇〇円
アメリカ大学管理運営職の養成	高野篤子	三二〇〇円
〔新版〕大学事務職員のための高等教育システム論―より良い大学経営専門職となるために	山本眞一	一八〇〇円

〒113-0023 東京都文京区向丘 1-20-6 TEL 03-3818-5521 FAX03-3818-5514 振替 00110-6-37828
Email tk203444@fsinet.or.jp URL:http://www.toshindo-pub.com/

※定価：表示価格（本体）＋税

東信堂

書名	著者	定価
ペルーの民衆教育—「社会を変える」教育の変容と学校での受容	工藤瞳	三二〇〇円
アセアン共同体の市民性教育	平田利文編著	三七〇〇円
市民性教育の研究—日本とタイの比較	平田利文編著	四二〇〇円
社会を創る市民の教育—協働によるシティズンシップ教育の実践	大友秀明・桐谷正信編著	二五〇〇円
現代ドイツ政治・社会学習論—「事実教授」の展開過程の分析	大友秀明	五二〇〇円
アメリカにおける多文化的歴史カリキュラム	桐谷正信	三六〇〇円
アメリカ公民教育におけるサービス・ラーニング	唐木清志	四六〇〇円
社会形成力育成カリキュラムの研究	西村公孝	六五〇〇円
比較教育学事典	日本比較教育学会編	一二〇〇〇円
比較教育学の地平を拓く	山田肖子・森下稔編著	四六〇〇円
比較教育学—越境のレッスン	馬越徹	三六〇〇円
比較教育学—伝統・挑戦・新しいパラダイムを求めて	M・ブレイ編著 馬越徹・大塚豊監訳	三八〇〇円
国際教育開発の研究射程—「持続可能な社会」のための比較教育学の最前線	北村友人	二八〇〇円
国際教育開発の再検討—途上国の基礎教育普及に向けて	小川啓一・西村幹子・北村友人編著	二四〇〇円
発展途上国の保育と国際協力	浜野隆・三輪千明著	三八〇〇円
中国教育の文化的基盤	顧明遠著 大塚豊監訳	二九〇〇円
中国大学入試研究—変貌する国家の人材選抜	大塚豊	三六〇〇円
東アジアの大学・大学院入学者選抜制度の比較—中国・台湾・韓国・日本	南部広孝	三二〇〇円
中国高等教育独学試験制度の展開	南部広孝	三二〇〇円
中国の職業教育拡大政策—背景・実現過程・帰結	劉文君	五〇四八円
中国における大学奨学金制度と評価	王帥	五四〇〇円
中国高等教育の拡大と教育機会の変容	王傑	三九〇〇円
現代中国初中等教育の多様化と教育改革	楠山研	三六〇〇円
グローバル人材育成と国際バカロレア—アジア諸国のIB導入実態	李霞編著	二九〇〇円
文革後中国基礎教育における「主体性」の育成	李霞	二八〇〇円
韓国大学改革のダイナミズム—ワールドクラス〈WCU〉への挑戦	馬越徹	二七〇〇円

〒113-0023 東京都文京区向丘 1-20-6　TEL 03-3818-5521　FAX03-3818-5514　振替 00110-6-37828
Email tk203444@fsinet.or.jp　URL:http://www.toshindo-pub.com/

※定価：表示価格（本体）＋税

東信堂

- 多様性と向きあうカナダの学校 ―移民社会が目指す教育　児玉奈々　二八〇〇円
- カナダの女性政策と大学　犬塚典子　三九〇〇円
- 多様社会カナダの「国語」教育（カナダの教育3）　関口礼子・浪田克之介編著　三八〇〇円
- 21世紀にはばたくカナダの教育（カナダの教育2）　小林順子他編著　二八〇〇円
- ケベック州の教育（カナダの教育1）　小林順子　二〇〇〇円
- トランスナショナル高等教育の国際比較―留学概念の転換　杉本均編著　三六〇〇円
- チュートリアルの伝播と変容―イギリスからオーストラリアの大学へ　竹腰千絵　二八〇〇円
- ［新版］オーストラリア・ニュージーランドの教育―グローバル社会を生き抜く力の育成に向けて　青木麻衣子・佐藤博志編著　二〇〇〇円
- 戦後オーストラリアの高等教育改革研究　杉本和弘　五八〇〇円
- オーストラリアのグローバル教育の理論と実践―開発教育研究の継承と新たな展開　木村裕　三六〇〇円
- オーストラリアの教員養成とグローバリズム―多様性と公平性の保証に向けて　本柳とみ子　三六〇〇円
- オーストラリア学校経営改革の研究―自律的学校経営とアカウンタビリティ　佐藤博志　三八〇〇円
- オーストラリアの言語教育政策―多文化主義における「多様性と」「統一性」の揺らぎと共存　青木麻衣子　三八〇〇円
- 英国の教育　日英教育学会編　三四〇〇円
- イギリスの大学―対位線の転移による質的転換　秦由美子　五八〇〇円
- イングランドのシティズンシップ教育政策の展開―カリキュラム改革にみる国民意識の形成に着目して　菊地かおり　三二〇〇円
- 統一ドイツ教育の多様性と質保証―日本への示唆　坂野慎二　二八〇〇円
- ドイツ統一・EU統合とグローバリズム―教育の視点からみたその軌跡と課題　木戸裕　六〇〇〇円
- 教育における国家原理と市場原理―チリ現代教育史に関する研究　斉藤泰雄　三八〇〇円
- 中央アジアの教育とグローバリズム　嶺井明子・川野辺敏編著　三二〇〇円
- インドの無認可学校研究―公教育を支える「影の制度」　小原優貴　三二〇〇円
- タイの人権教育政策の理論と実践―人権と伝統的多様な文化との関係　馬場智子　二八〇〇円
- バングラデシュ農村の初等教育制度受容　日下部達哉　三六〇〇円
- マレーシア青年期女性の進路形成　鴨川明子　四七〇〇円
- 東アジアにおける留学生移動のパラダイム転換―大学国際化と「英語プログラム」の日韓比較　嶋内佐絵　三六〇〇円

〒113-0023　東京都文京区向丘 1-20-6　TEL 03-3818-5521　FAX03-3818-5514　振替 00110-6-37828
Email tk203444@fsinet.or.jp　URL:http://www.toshindo-pub.com/

※定価：表示価格（本体）＋税